NF文庫
ノンフィクション

空想軍艦物語

冒険小説に登場した最強を夢見た未来兵器

瀬名堯彦

JN245642

潮書房光人社

空想軍艦物語――目次

空想軍艦物語

冒険小説に登場した最強を夢見た未来兵器

五〇万トン戦艦と竜宮船

——造船関係者が頭をかかえる余りにも壮大な構想

軍艦と文学

日本文学史上で、海戦や軍艦を主題とした作品には、どのようなものがあるだろうか。

海戦については、明治時代からよく知られているのが、日本海海戦を扱った水野広徳（少佐）『此一戦』（明治43年）である。戦前の代表的な海戦記といえば、まず本書であり、昭和にかけても幾度も版を重ねてひろく読まれていた。第二次世界大戦中では、海軍報道班員としてソロモン海戦に従軍体験した作家丹羽文雄の『海戦』（昭和18年）が挙げられよう。

詩の方では、軍艦そのものを謳い上げた『軍艦行進曲』が知名度からいっても第一位であろう。明治二十六年に鳥山啓が「小学唱歌」に『軍艦』として発表したもので、このとき作曲は山田源一郎であったが、明治三十年ころに軍楽兵曹長だった瀬戸口藤吉が曲を付けかえ、三十三年に行進曲に仕立てられた。一般的には軍艦マーチとして、今日まで歌い継がれており、太平洋戦争中は大本営海軍部発表、戦後はパチンコ屋のテーマ・ミュージックにも利用された。

変わったところでは、戦時中に、大政翼賛会の提唱した建艦献金運動（第三次ソロモン海戦で大本営が戦艦一隻〈実際は二隻〉の沈没を認めたことが契機といわれる）にともない、文学報国会が文学者約四〇〇名から原稿用紙一枚の作品を集め、『辻小説集』『辻詩集』として刊行（昭18）して、その売り上げを献金したことがあった。軍艦にちなんだ作品が多く寄せられたことは言うまでもない。

これらとまったく異なる系列の作品として、架空の海戦や軍艦の活躍を描いた未来戦記の流れがある。古くは『日露未来戦』、第一次世界大戦後は『日米未来戦』など、数多くのの作品が生まれた。

その背景として、海軍軍縮をめぐる日英米の対立があり、一方で軍事技術の発達による新兵器の登場、とくに戦闘機や爆撃機、航空母艦や潜水艦などの発達がめざましく、つぎつぎと高性能のものが出現し、これらの作品にも多く用いられた。

これはアメリカでも同様であり、日本でも翻訳されて、ハミルトン『日米海戦未来記』(明30)、ホーマー・リー『日米戦争』(明44)、フランク・フォクス『太平洋の争奪戦』(大3)、ヘクター・バイウォーター『太平洋戦争』(大14)、エリオット・フォールディング『日米未来戦』(昭5)などが紹介された。

日本国内では水上梅彦『日露戦争未来記』(明34)、国民軍事協会『日米開戦夢物語』(大2)、水野広徳『次の一戦』(大3)、宮崎惣造『太平洋撃滅艦隊』(大7)、宮崎一雨『日米未来戦』(大12)、樋口麗陽『嗚呼日米未来記』(大15)、相模太郎『日米戦争夢物語』(昭4)、直木三十五『太平洋戦争』(昭5、未完)、池崎忠孝『太平洋戦略論』(昭7)、水野広徳『興亡の此一戦』(昭7)、石丸藤太『太平洋戦争』(昭7)、久米元一『勝つか負けるか日米大戦争』(昭8)、福永恭助『日米戦争未来記』(昭9)などの書が刊行されている。そのうち宮崎、久米の著書は少年向けの作品で、この分野にひろがり始めたことを示している

これとは別に、単独のスーパー軍艦が活躍する冒険小説の流れがある。この分野ではフランスの作家ジュール・ヴェルヌの『海底二万リュウ』(一八七二年)が有名であり、日本でも明治十七年に訳出されている。この影響で国内に誕生したのが押川春浪の『海底軍艦』(明33)であり、人気を得てシリーズ化された。潜水艦以外では矢

野龍溪『浮城物語』(明23)もこの系列に属する作品といえよう。

日本と米英の対立、その緊張や不安が高まったとき、こうした作品が多く生まれている。その一方で、艦艇や航空機の高性能の新型や大型のものが出現し、これに刺激をうけた作家の空想力は、未知の新兵器をつぎつぎと作品中に登場させて、活躍させた。これは少年向けの分野で顕著であり、そのスーパー兵器を巧みに描く挿絵画家も登場して、人気を博した。

これから紹介するのは、主に昭和初期から終戦までに登場したスーパー軍艦や航空機の活躍する未来戦記である。そのなかには実現不可能なものや、夢の兵器といえるものもある。一例を挙げるなら潜水飛行艇であり、地底戦車であり、現在ではどこでも研究していない。酸水素機関は、海水の酸素と水素を燃焼させて潜水艦の推進機関とし、排水は海中にもどすという画期的なアイデアであったが、爆発時の衝撃や発生する高熱の気筒(シリンダー)への影響が解決できず、実現しなかった。これも原子力潜水艦の登場で立ち消えとなった。

これらはまさに夢の兵器である。これらの小説には、少年の指揮する小型潜水艇がよく使われたが、その航続力はほとんど問題にされず、もちろん燃料補給の場面もないのである。

当時、夢の兵器と考えられていた原子爆弾は実現し、怪力線もレーザー兵器として開発が進められている。数十年の時の流れは、想像を超えた未来世界を実現させている。今の読者がこれらの作品を読まれて、どのような感想を持たれるかは筆者の興味あるところであるが、今日では未来戦記がまったく書かれていないことに気がつく。それは平和の象徴であるのか、それとも空想も許さぬほど恐ろしい世界なのだろうか。

このように考えると話が深刻になりそうだが、この後にご紹介する小説のいくつかは当時の少年たちを夢中にさせたものであり、筆者が軍艦に関心を持つきっかけとなったともいえよう。

現代の読者がこれらの夢の兵器を卓抜なアイデアと見るか、それとも荒唐無稽な代物と見るかはご自由であるが、戦争を予感し、息苦しさを増す時代にあって、これらの作品が当時の少年たちの一種息抜きになったことは確かなようだ。以下、気楽にお読みいただければ幸いである。

金田中佐の巨大軍艦構想

さて、最初に紹介するのは、小説を離れて、現実に日本海軍の金田中佐が考案した破天荒「五〇万トン戦艦」である。

これとくらべれば、㊄計画の二〇インチ砲装備の改「大和」型はおろか、ドイツ海軍のZ計画にあった巨艦H44でさえ、小型すぎて比較にならない。

この五〇万トン戦艦を考案した金田秀太郎氏は砲術専攻の海軍士官で、横須賀工廠造兵部長もつとめ、のちに中将にまで昇進している。本艦を思いついたのは明治末期の中佐時代であった。

その着想の根拠は、かりに日本海軍が一〇〇万トンの主力艦隊を建設する必要があるとするなら、数十隻にわけて建造するより、いかなる敵艦にもうち勝つ強力かつ巨大な艦を一、二隻造り、これで来攻する多数の敵艦をすべて撃砕しようという、いわばオールマイティである。

その艦容は図のとおりで、主要目は次のようになっていた（当時、すべて寸法はフィート・インチが採用されていたが、メートル法に換算した）。

排水量　五〇万トン
長さ　六七〇・五五メートル
幅　九一・四四メートル
吃水　一三・七二メートル

速力　　四二ノット
兵装　　主砲四〇・六センチ（連装）一〇〇門
　　　　副砲一四センチ砲二〇〇門、一〇・二センチ砲一〇〇門
　　　　魚雷発射管（水上）四五センチ二〇〇門
乗員　　一万二〇〇〇人

艦の大きさを定めるにあたり、基準となったのは波長の最大値であった。

当時、海上波浪の最大波長のレコードは約一六〇フィート（四八・七七メートル）とされており、これから艦の幅はその二倍の三〇〇フィート（九一・四四メートル）とした。

そうすれば、艦の動揺はほとんど起こらないから、この幅を基準として艦の長さや吃水、速力を割り出して排水量を決定したところ、五〇万トンになったのだという。

主機については説明はないが、明治末期に完成した戦艦「安芸」や「河内」はカーチス式タービンを搭載していたから、当然タービン機関の採用を考えていたものと思われる。

これだけの巨艦を四二ノットの高速で航走させるには、想像もつかないほどの高出

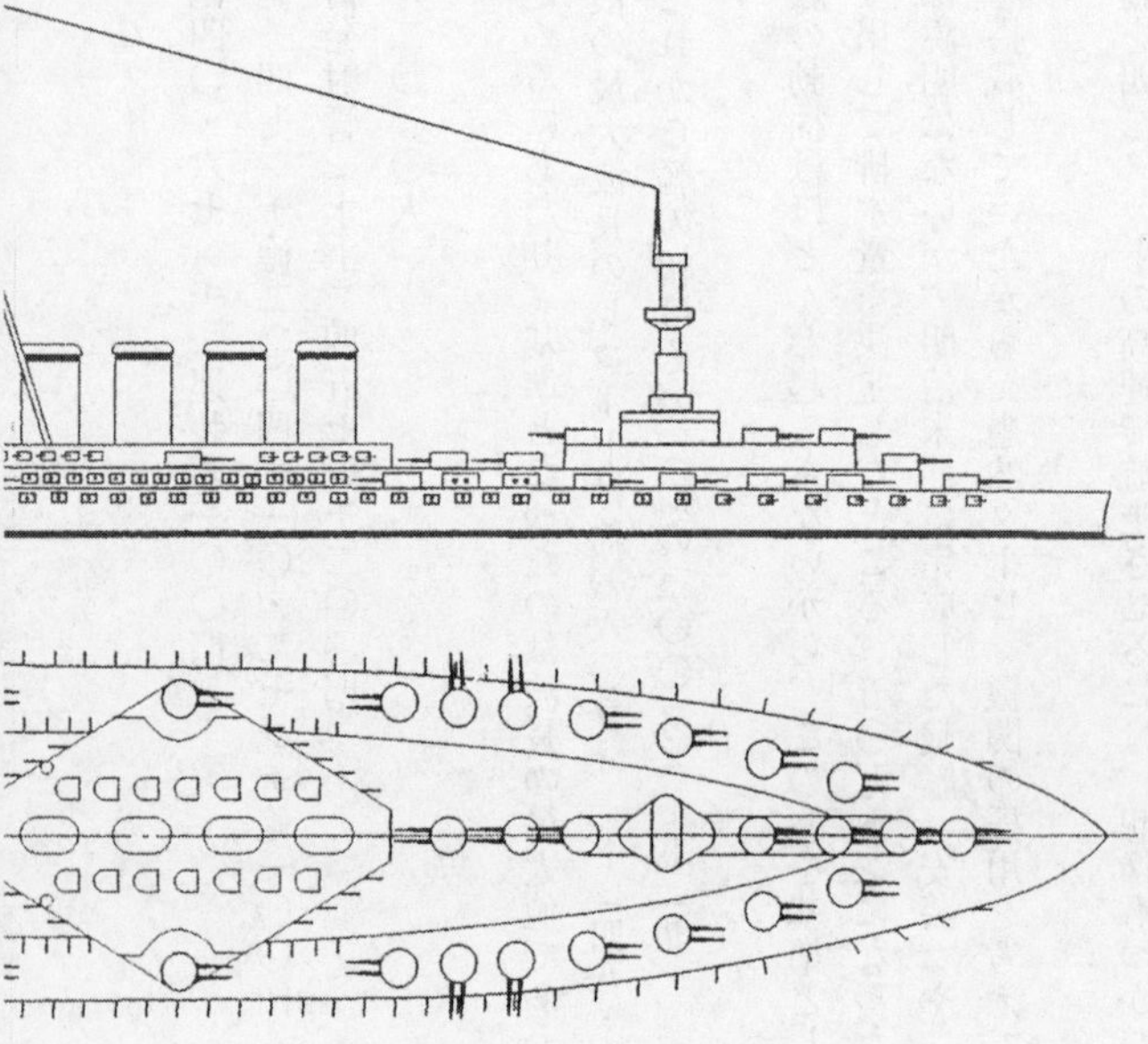

金田中佐考案「50万トン戦艦」

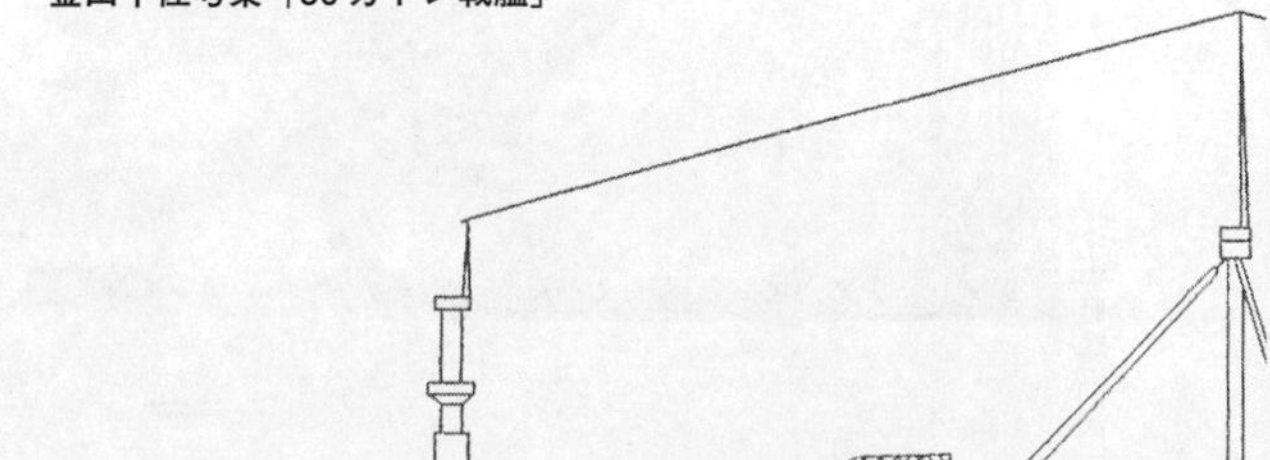

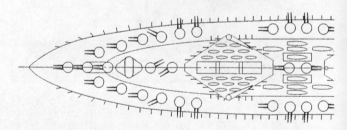

（上）戦艦「河内」の30・5センチ砲。（下）戦艦「安芸」

力を要し、機関重量もかなりなものであったと思われるが、その数値や算出基礎は不明である。

兵装も、飛行機は登場していたろうが、兵器としては未知数の状態であり、対空兵器は考えられていない。

主砲の四〇・六センチ（一六インチ）砲は、当時の想像実現可能な最大値の巨砲であったという。

当時、日本の戦艦が装備した最大の主砲は三〇・五センチ（一二インチ）砲であった。

まさに、この後にやってくる大艦巨砲主義の極致のような艦であるが、防御や装甲重量についても説明がない。

砲術の大家が考案した軍艦だから、とうぜん耐一六インチ砲弾防御が採用されていたものと思われる。

これを見た造船関係者も、真剣に検討したようで、呉工廠造船部長山田造船中監は、「五〇万トンの艦となれば、その龍骨の厚さは三〇センチ以上となり、それを組み立てる鋲（リベット）は径一五センチ以上となるであろうから、それを打ちかためるにはどうすればよいか」と、金田中佐に相談したといわれる。

もし建造するとなれば、造船施設も既設のものではとうてい間にあわず、海軍当局も頭をかかえたことであろう。

主力艦が最大二万トンていどの時代に、その二五倍の戦艦を着想するのは、まさに破天荒のアイデアといえようが、最強力の艦を小数建造して対抗しようとの発想は、のちの「大和」型戦艦建造にも通じるものがある。

その後、これを上まわる戦艦の話は聞いたことがなく、その思いきった壮大な構想は、今日でも人びとを驚嘆させるに値しよう。

能島水軍「龍宮船」出陣

この「五〇万トン戦艦」は「夢の軍艦」の冒頭を飾るのにふさわしいと思い、紹介したが、このように艦図までそろえた夢のような軍艦の話題は、そうあるものではない。

現実的には、今後の兵器や技術の発達、戦闘内容の変化を想定して、いくつかの試案が生まれるわけである。飛躍したアイデアの軍艦といえば、氷山空母ハバクックやノブゴロド型円型砲艦などがあげられようが、すでに紹介されていたり、〝珍奇な軍艦〟の方がふさわしかったりして、コーヒーを飲みながら語る「夢の軍艦」には取りあげにくいのである。

一時期、架空戦記なるものが多数出版され、題名を見ると、スーパー軍艦が勢ぞろいしているようである。しかし――あまり読んでいないので、断定はできないが――作者は、戦時中から戦後にかけての軍艦の発達を頭にいれ、その技術を先取りして書いていることがおおく、その点では意外性はすくないように思われる。

冒頭で紹介したように、戦前にも架空戦記はあった。しかし、それは過去の戦争ではなく、将来の日本が出会うかも知れない他国との戦争を想定して描いた未来戦記であった。

なにしろ今から八、九〇年前の作品であり、科学技術や軍艦の知識も今日とは大いにことなっていた。軍艦の本といっても、当時は通俗的な解説書がおおく、日本の軍艦そのものも軍機のヴェールにつつまれていた時代であった。

軍艦の写真を発表するのにも海軍省の検閲を要したり、軍港付近で写真を撮ろうとすれば、スパイの嫌疑で逮捕されるおそれもあったころである。

だから、作家や画家が読者を納得させる未来の軍艦を描きだすには、それぞれ研究と苦労をかさねなければならなかった。アメリカ戦艦の籠マストにつけられた示数盤が、イラストで時計の文字盤とまちがって描かれ、二本の針があったというエピソードもある。

そこで、今日の目で見て明らかに相違していたとしても、目クジラを立てずにファンタジーとしてうけとめていただきたい。

その中から、まず江戸時代の「夢の軍艦」を採りあげることにしよう。

潜水艦史をひもとくと、能島《のじま》流または一品流水軍の奥義として、一子相伝的に伝えられてきたものに「龍宮船」という、当時の潜水艦がある。

寛政年間（一七九〇年ごろ）に写しとられたものによると、船体は長さ約一丈三尺

イラスト・小貫健太郎

高垣眸著『空を飛ぶ謎』の山口將吉郎の
挿絵をもとに描いた竜宮船のイラスト

（約三・九メートル）の木造船で、上部を亀の甲羅のような船蓋でおおい、水密構造になっている。船底には権鈴とよぶ錨状の錘を吊りさげ、これを上下させて潜航と浮上をおこなう。

航行は船体中央両舷に突きでた外輪船のような翼付きの外車を回転させ、前後に突きでた楫板（舵）を操作するが、すべて人力である。

前後に龍頭が突きでているので龍宮船と呼ばれるが、その頭に穴をあけ、水晶をはめて周囲の観察ができる。船内には蠟燭をつけて照明と行程をはかり、磁石で方向を定めた。全体に松脂を塗り、その上から保護色として青色のウルシを、船底は赤ウルシをほどこした。空気の流通や水密法は口伝として記述がない。

この船で敵陣に近寄り、あるいは陣営の内部へ潜航して侵入すると、龍頭をあげて浮上し、砲烙（火焔放射）と千柄筒（大砲）で敵を攻撃、その後はふたたび潜航して味方の陣営に戻る——と説明されている。潜航奇襲作戦兵器である。

昭和十五年に「幼年倶楽部」に連載された高垣眸の『空を飛ぶ謎』には、この龍宮船が出てくる。紀州新宮城で討死した大名の遺児たちが、お家に伝わる文書と尾長の鳴き声に秘められた謎を解くと、洞窟のなかに隠されていた龍宮船があらわれ、これを使って仇敵を打ち破り、お家の再興をはたすというストーリーである。

その中で、挿絵として龍宮船が描かれていた。時代物のイラストレーターとして知られた山口將吉郎の手になる。

龍宮船の原図はきわめてラフなものだから、それをもとにして現実的なデザインにまとめ上げた手腕はたいしたものであろう。

原図では二つあった龍頭を一つにあらためたかわりに、木造の潜望鏡をもうけ、船蓋上にはハッチをしめす木枠が組まれている。船底の錘や両舷の外車（前後四輪とした）は生かし、全体を和船らしい構造に仕上げている。

小説のうえでは、本船が城門の跳ね橋を破壊して浮上すると、龍の出現に驚いた敵陣は狼狽して降伏することになっているので、それなりに威容をそなえたものでなければならない。

画家として、かなりデザインには苦労したにちがいない。

なお、筆者の知るかぎりでは、龍宮船の出てくる小説は本篇だけのようである。

亜細亜を飛ぶ無限自進機

次いで昭和期にはいるのであるが、軍艦を語る前に、飛行機についても触れておきたい。

このころになって飛行機は複葉から単葉となり、全金属製機も登場しはじめた。ソ連のツポレフTB《テーベー》3、アメリカのダグラスB19のような巨人爆撃機もあらわれ、超重爆撃機とさわがれた。

とくにTB3は、ウラジオストクから東京爆撃が可能として、防空小説ではよく使われた。また、本機をモデルとしてさらに性能を強化し、爆弾搭載量を増大した機体も描かれた。

ダグラスXB19は戦前に試作され、のちのB29を上まわる超大型長距離爆撃機で、爆弾を最大一六・八トンも搭載できた。当時の帝都空襲をあつかった未来戦小説で、爆弾搭載量一五トンなどという敵の爆撃機が出てくることがあるが、それは本機あたりを念頭においたものであろう。

『大空魔艦』（海野十三）などと呼ばれるのも、一種の超重爆撃機であった。

昭和六年、「少年倶楽部」に連載した山中峯太郎『亜細亜《アジア》の曙』に出てくる無限自進機は、すなわちロケット飛行機であろう。当時はロケット、ジェットの区別もなかったから、正しくはジェット機かも知れない。

この挿画では、ロケットの排気が機体でなく、主翼の後端から排出されているのは、今日から見れば異様であろう。当時、軍艦や飛行機などの細密画で知られた樺島勝一

（上）ツポレフＴＢ３。（下）ダグラスＸＢ19

の作品であった。

「フラップは、どこへ行ったの？」などとヤボな質問はしないこと、当時の少年はこれで未来科学に感動し、この絵を憧憬をこめて眺めたのだから……。

筆者が、こうした排気は胴体からおこなわれるらしいと知ったのは、イタリアのジェット実験機カプロニ・カンピーニＮ１が昭和十五年四月に、最初の飛行（実際はドイツのハインケルＨｅ１７８が八ヵ月前にジェット初飛行）に成功して、その写真が公表された

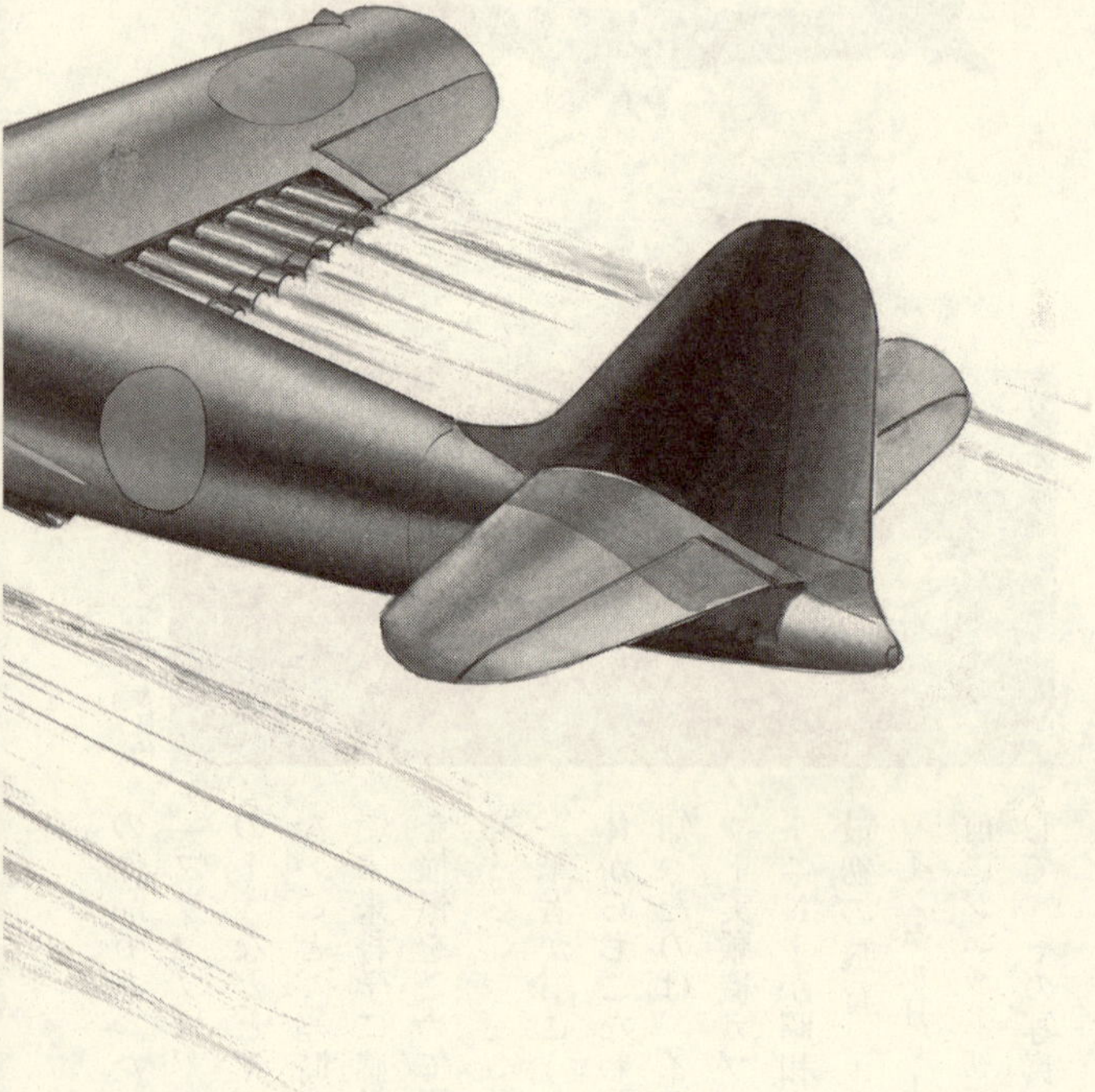

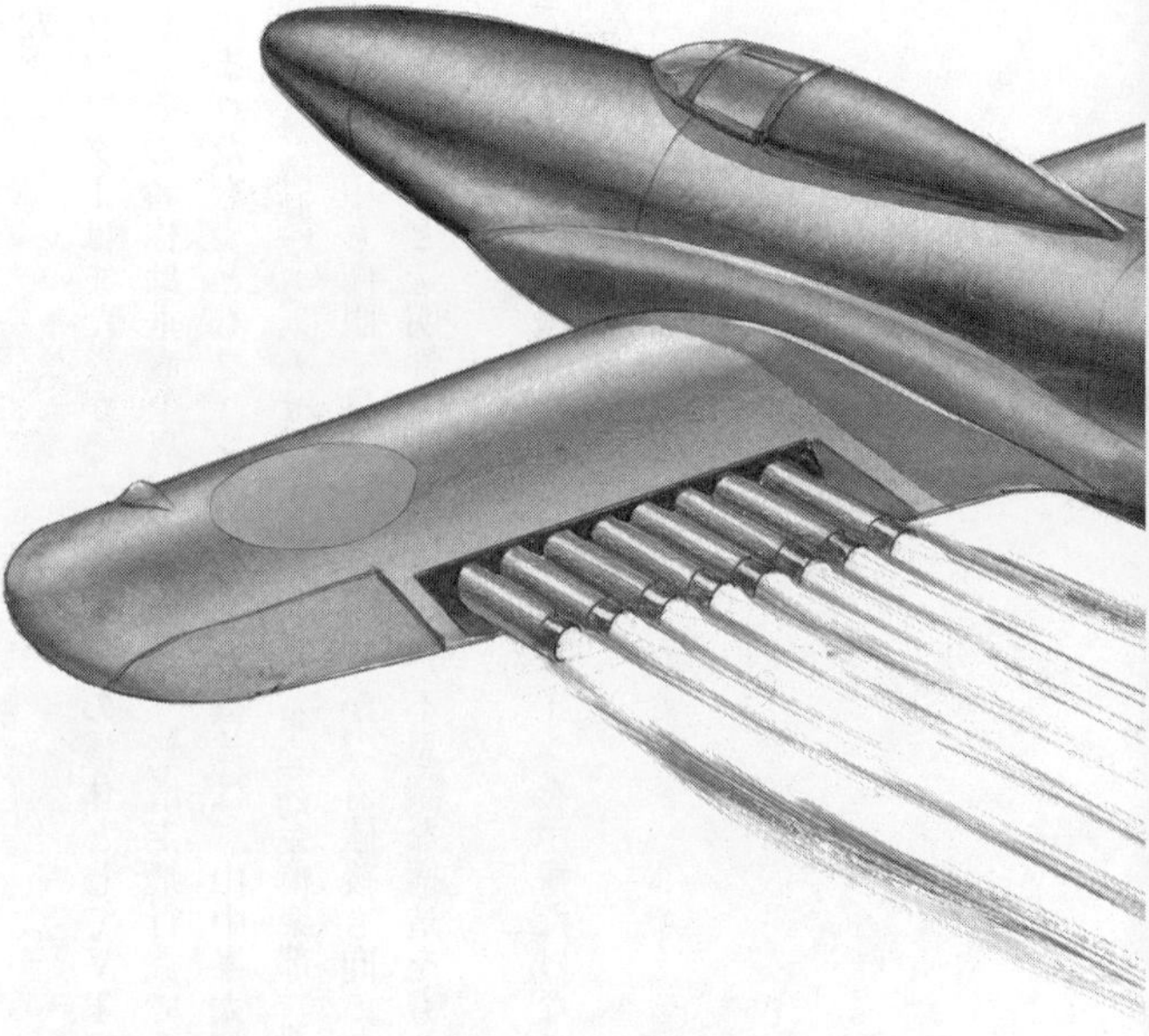

山中峯太郎著『亜細亜の曙』に登場する無
限自進機。樺島勝一の挿絵をもとに描く

ときであった。

当時、ヘリコプターはまだなかったが、未来の機体としてＶＴＯＬ機は考えられていた。ただし、その名称は垂直上昇機ではなく、無滑走飛行機であった。

小説から生まれたもっともファンタジックな機体は、山中峯太郎の『見えない飛行機』（続篇『世界無敵弾』とあわせ、昭和十〜十一年「幼年倶楽部」連載）であろう。

この飛行機は飛行中も肉眼で見えないばかりか、着陸後も向こうの景色がすけて見えるという、不可視性と透明性をかねそなえた不思議な構造をもち、扉をあけてはじめて機内が見えてくる。

したがって、イラストも機体のおぼろげなラインを示すだけなので、ご紹介はひかえさせていただく。

空飛ぶ戦艦・潜水艦
——一九六〇年代に米海軍で実際に計画された潜水飛行艇

空を飛び、海中にひそむ

その昔、人類は飛ぶ鳥を見て空にあこがれ、飛行機を発明するにいたったという。それでは、空から水中に潜って魚を追う水鳥を見て、人は空を飛び、海上を走り、海中にも潜れる乗物を夢見るのだろうか。

飛行潜水艦、あるいは潜水飛行艇といった飛行機と潜水艦を合体させたような兵器が、少年小説に登場したのは昭和の初めであった。

このような夢の兵器を最初に考案したのは、誰だったのか。ＳＦ史をたどってみると、一九三〇年（昭和五年）にアメリカのアーサー・Ｊ・パークスが書いた「折衷怪物」（Monster of Moyen）なる作品に、アジアの独裁国家が潜水飛行機を用いてアメリカ大陸を侵略する場面が描かれているという。

ただし、この小説、日本で翻訳された形跡はなく、この潜水飛行機は球根のような形をしていた、というから、デザイン的にも、これから紹介する日本のそれとは別系統の兵器であったようだ。

日本で、飛行潜水艦が姿を見せるのは、昭和九年、「少年倶楽部」に連載した平田晋策『昭和遊撃隊』である。この表題となった昭和遊撃隊は、当時新鋭の巡洋艦「最上」型四隻（連載時、建造中で未命名のため、三、四番艦は別名となっている）と大型潜水艦三隻で編成され、小笠原南の碧海島が秘密基地である。

これは少年向けの日米未来戦記で、新進軍事評論家の平田が、新知識を駆使して数かずの新兵器を登場させたところが少年には魅力であり、従来の類似の読物、宮崎一雨『日米未来戦』（大11〜12）や久米元一『勝つか負けるか日米大戦争』（昭8）などとは一線を画する内容となっていた。

日本と敵対するA国には、「最上」設計の武田博士のライバルとなるフーラー博士があり、両科学者の発明した新兵器が戦場につぎつぎと姿を見せて、火花を散らすのが見所であった。日A大海戦で、太平洋上を進攻してきたA国大艦隊を、日本連合艦隊は鳥島沖で迎え討って潰滅させるが、日本艦隊も損害大きく、追撃できない。

そこへ昭和遊撃隊が戦場に到着、残敵掃討にかかるのだが、空母搭載の荒鷲爆撃機が飛来して投じた毒ガスに敗れ、同隊も「最上」と潜水艦二隻以外をうしなう。艦隊を再編したA国は日本進攻部隊を遠征させ、太平洋を横断、九十九里浜で上陸戦を敢行する。

運送船（強襲揚陸艦）で運ばれてきた五〇〇台の水陸両用戦車を主力としたA国軍は、毒ガスを撒布しつつ房総半島を西へ進撃し、荒鷲爆撃隊は東京を爆撃する。

日本に危機が迫ったその時、戦場に登場したのが、昭和遊撃隊の新鋭兵力、飛行潜水艦「富士」であった。「富士」は宿敵の荒鷲爆撃隊をつぎつぎと撃墜して、敵の揚陸艦隊に白旗を掲げさせ、陸上では、新発明の除毒液で毒ガスをしのいだ陸軍が戦車隊を印旛沼に追いこんで全滅させる。

こうして日本は最後の勝利をおさめるのだが、最終場面であざやかに登場し、敵の海空兵力を屈服させた「富士」の活躍は、チャンバラ小説で敵陣に斬り込んで剛剣をふるい、強敵をバッタバッタとなぎ倒す剣豪を思わせ、少年たちに強い印象を残した。

後年、この場面に感動した少年の一人が、昭和二十年に日本の敗戦を聞かされた時、「敗けるもんか。潜水艦富士がいるじゃない」と反問したほど、その感銘は深かったのである。この間には一〇年の歳月が流れている。飛行潜水艦の出現が、いかに衝撃的であったかがうかがえるようではないか。

本篇以降、同様な飛行潜水艦または潜水飛行艇が、主に少年小説にしばしば登場するようになった。作者と作品名をあげるなら、南洋一郎『魔海の宝』(昭11)、寺島柾史『飛行潜水艦』(昭13)、木々高太郎『緑の日章旗』(昭14)、蘭郁二郎『硝子の島』(昭15)、海野十三『二〇〇〇年戦争』(昭15)、南洋一郎『謎の空中戦艦』(昭15)、海野十三『怪鳥艇』(昭16)、同『潜水飛行艇飛魚号』(昭18、ラジオドラマ)等があり、その中では、さまざまな大きさや形をした潜水艦や飛行機が、空中から海中にかけて縦横に活躍しているのである。

その中から、代表的なものを三つとりあげて、その内容を検討してみることにしよう。

飛行潜水艦「富士」登場

最初にとりあげるのは、もちろん『昭和遊撃隊』の飛行潜水艦「富士」である。イラストの原画は村上松次郎の手になるもので、荒鷲爆撃機と空中戦を演じている「富士」の雄姿が描かれている。平田晋策は元来が軍事評論家なので、作品中の軍艦や飛行機の性能を数字をあげて説明することが多く、要目を拾いだして見ると、こんな姿が浮かびあがってくる。

排水量（飛行中の全備重量だから、満載排水量か）二〇〇〇トン、備砲として一三センチ砲（おそらく一二・七センチ砲）六門を装備、うち二門は艦橋前に連装砲塔となっている。

このほかに青木光線と称するビーム兵器の発射機（その正体は紫外線に強電流を通じたもので、当時の怪力線に相当する）をそなえており、対空用として威力を発揮するが、射程が五〇〇メートルと短いのが欠点である。

爆撃するシーンがあり、爆弾を積載しているが、搭載量は不明。降伏した敵艦隊を海中から監視して、「不穏の行動あるものはただちに撃沈する」と脅かす場面があるところから、魚雷兵装もそなえているらしいが、その内容も判明しない。

水上速力三五ノット、水中速力二五ノット。飛行はロケット推進により最大速度二〇〇〇キロ／時、船体には防御がほどこされ、三〇ミリ機関砲弾は貫通できない——という、強兵装高性能のスーパー潜水艦兼重戦闘機である。

なお、翼は潜水艦として行動中は船体内に収容されていて、飛行時に展張される仕組みである。

重量二〇〇〇トンの機体をロケット推進で時速二〇〇〇キロで飛ばす——これがい

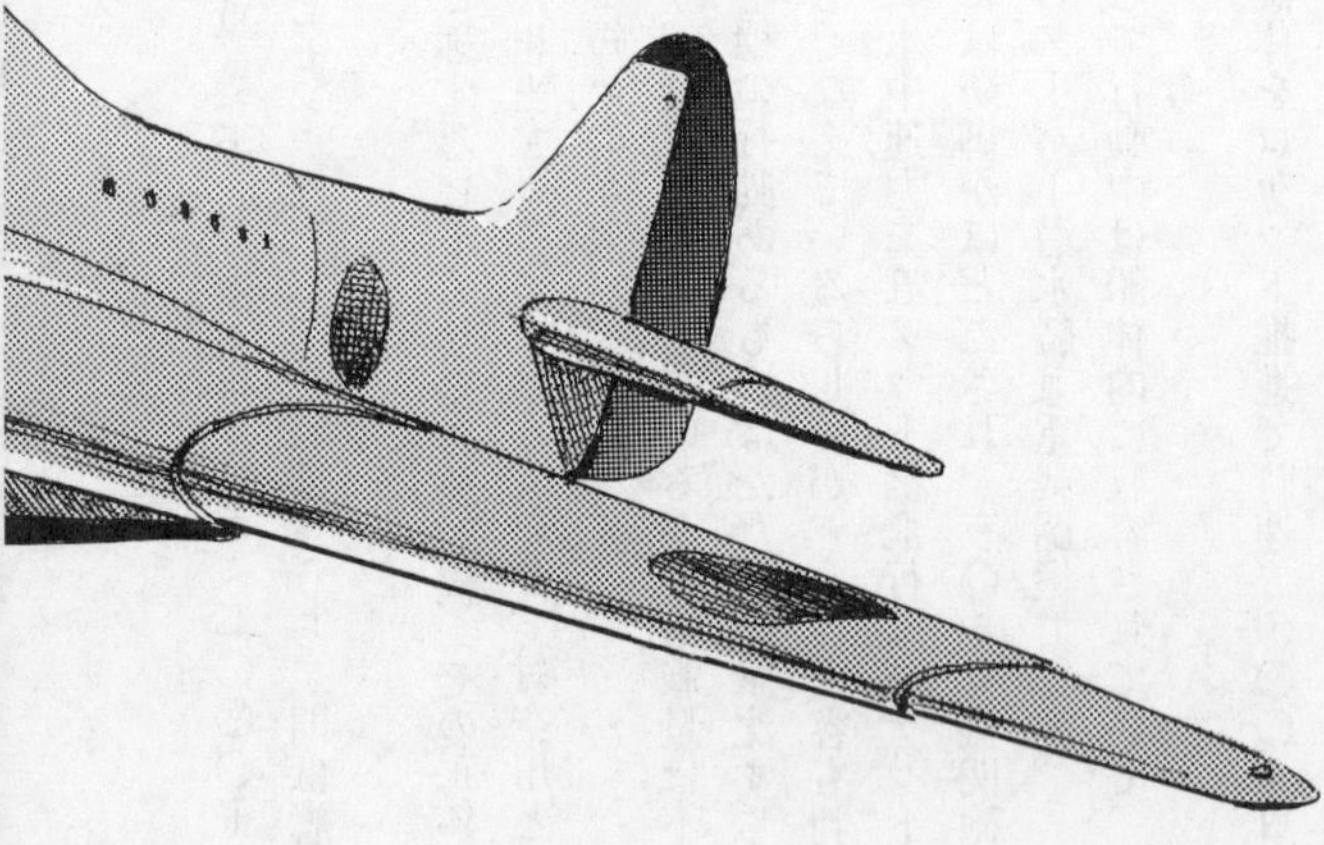

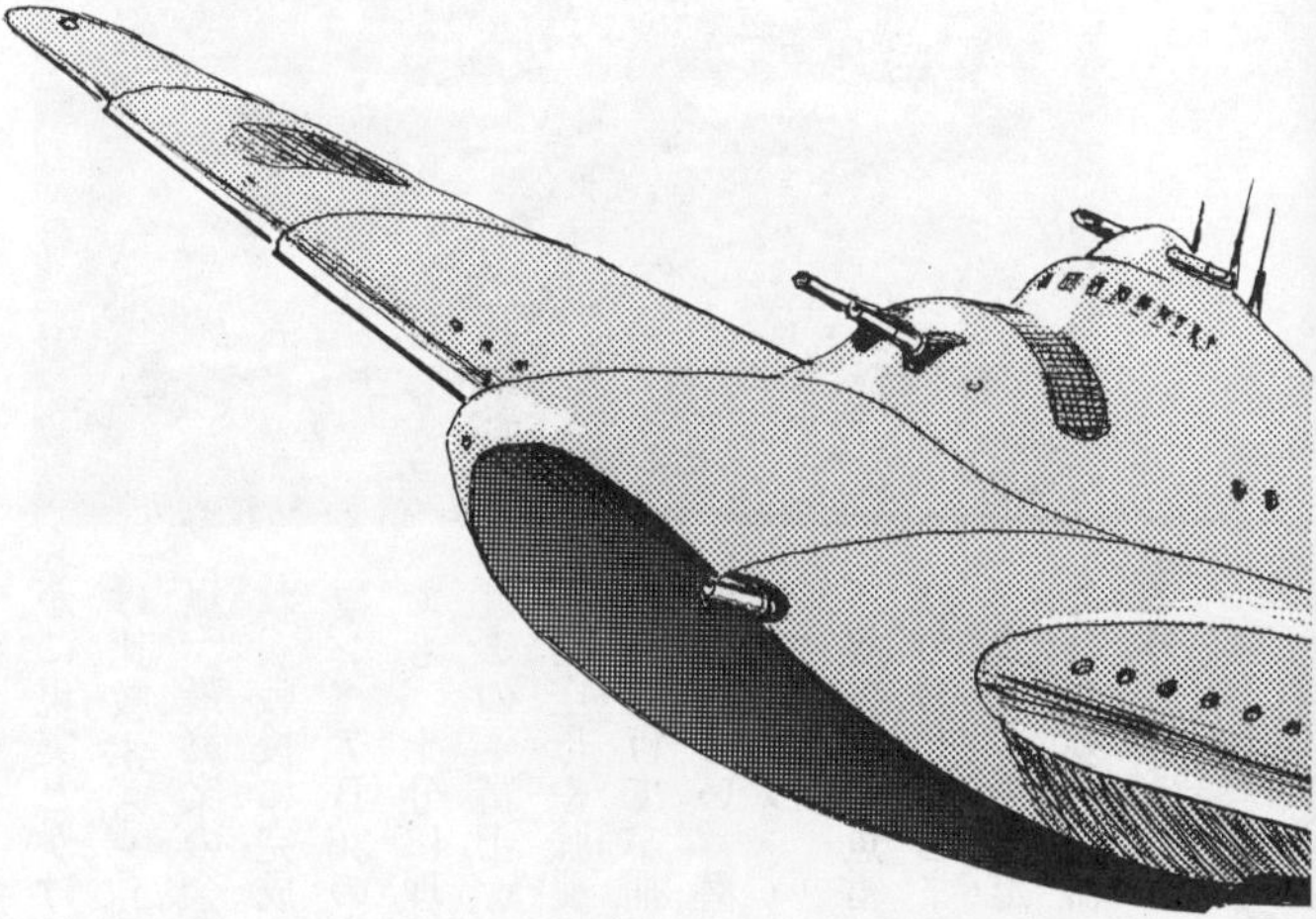

平田晋策著『昭和遊撃隊』で、村上松次郎が描いた飛行潜水艦「富士」をもとにしたイラスト

コンベアB36

かに現実とかけ離れた数字であるかは、仮に重量だけ比較するとして、日本の幻の超巨人爆撃機「富嶽」最終案の全備重量が一六〇トン、戦前に計画され、戦後に完成したアメリカ陸軍の超長距離爆撃機コンベアB36の全備重量が一四九トンとあげただけでも、十分に理解できよう。まさに夢の兵器である。

この「富士」一隻の威力に圧倒されて、進攻してきた空母や強襲揚陸艦二一隻が降伏し、海中から監視をうけて拿捕されにいく場面も、よく考えてみるとおかしい。潜望鏡の狭い視野から監視しきれるものでないし、いっせいに脱出をはかれば、「富士」一隻のもつ魚雷や爆弾の量も知れている。大半は逃げおおせてしまうだろう。

読者が少年だったから通用したのかも知れないが、これも夢の兵器のマジックに惑わされていたのであろう。

『謎の空中戦艦』の戦い

この「富士」が飛行する潜水艦の代表とするなら、あとの二つは潜水可能な飛行機である。

南洋一郎『謎の空中戦艦』では、二隻の潜水飛行艇が登場し、南洋の孤島に隠された山田長政の秘宝をめぐって戦闘をくり返す。空中軍艦と呼ばれるこの二隻は、片方が日本をはじめ、中国、インド、タイなどアジア地域の人びとが東洋平和のため結成した秘密結社に属し、残る一つが、世界の平和攪乱を狙う国際ユダヤ陰謀団（当時、ユダヤ人は国際的な悪役にあつかわれることがおおかった）が所有するという、典型的な善玉、悪玉の対立関係にある。

両飛行艇がほぼ同型なのは、陰謀団が片方の設計図を盗んで製作したからであり、ただ技術的に模倣しきれぬ部分があり、イミテーションの方は原型より性能的に劣ることになっている。

そのイラストは『昭和遊撃隊』とおなじく村上松次郎が描いている。「光号」と呼ばれる善玉の空中軍艦は大型飛行艇をモデルとしており、六発のエンジンをもつプロペラ機であるが、機首と艦橋前に連装砲塔二基をもつほか、両主翼、尾翼間、機体後

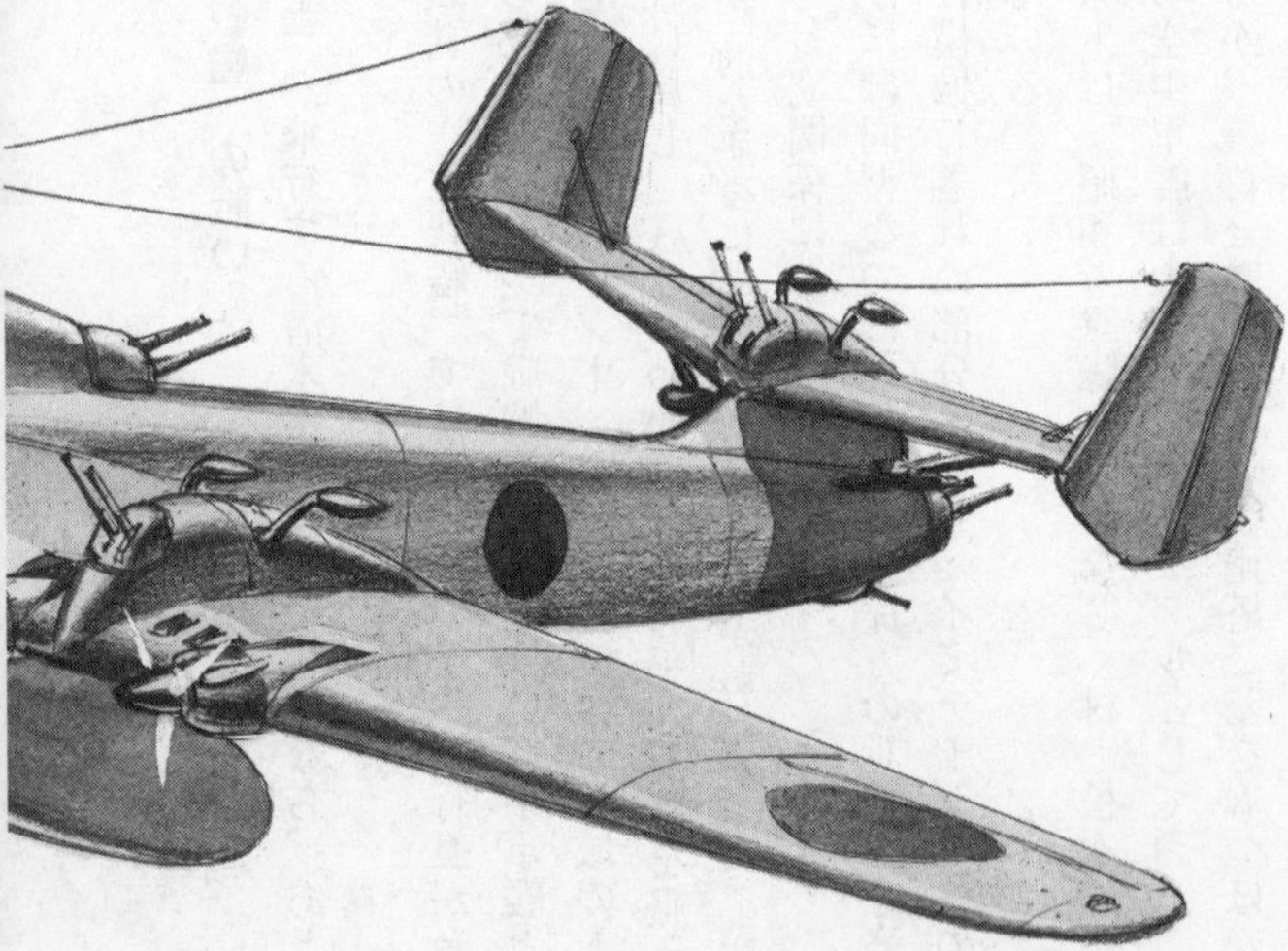

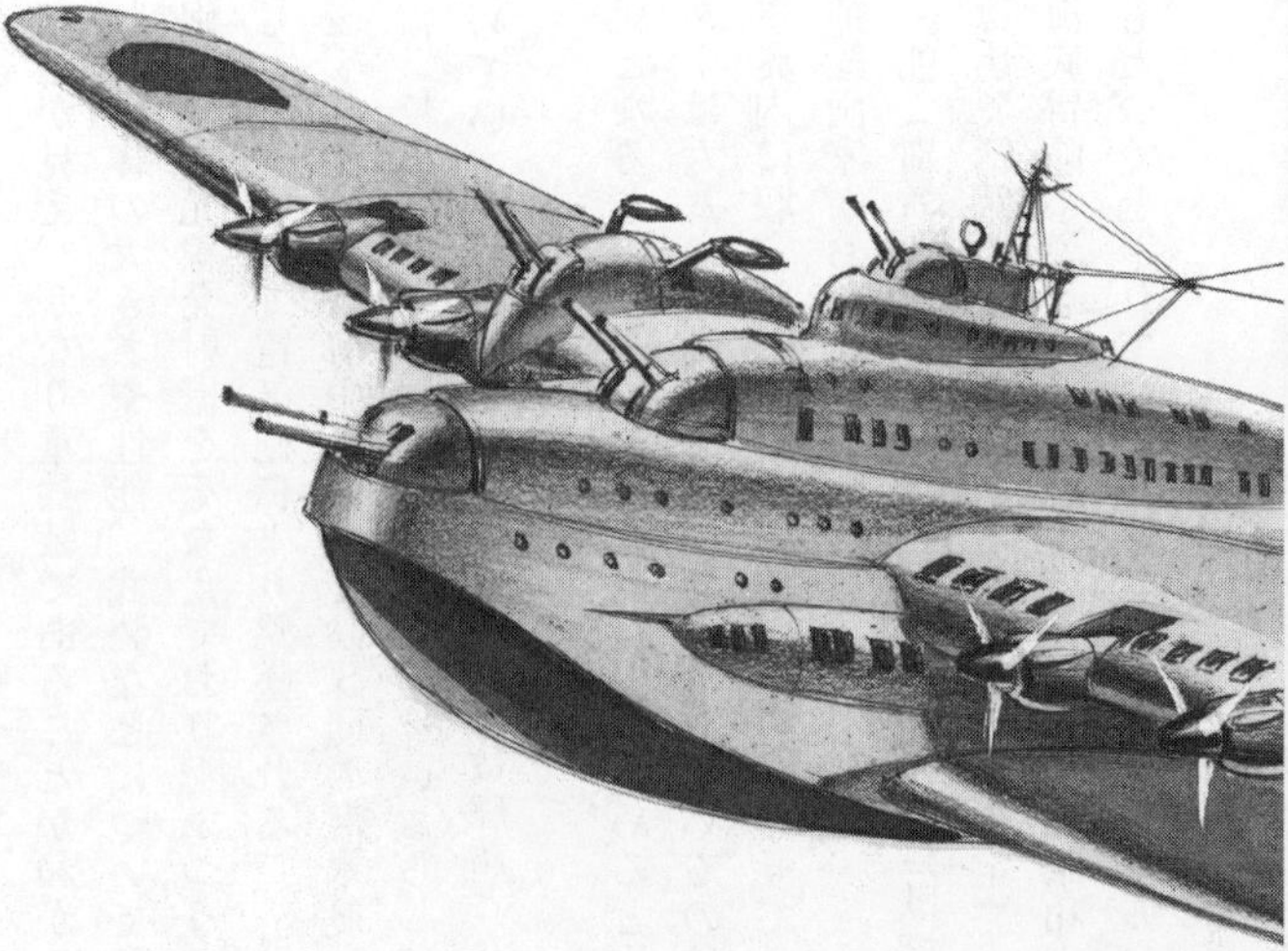

南洋一郎著『謎の空中戦艦』で主役を務める大型飛行艇「光号」。村上松次郎の挿絵をもとに描く

部にも砲座が見え、かなり重兵装であることがわかる。

しかし、機体の大きさや性能、武装などについては具体的な説明はなく、武器として電気砲と怪力光線発射機をそなえており、ふつうの大砲や機関砲しかもたぬ相手の「銀鷲号」は空中戦で電気砲により撃墜される。

その後、「光号」は海中へ潜って陰謀団の潜水艇一〇隻と戦うのだが、今度は水中砲や魚雷（位置はわからぬが発射管をもっているらしい）も使用、例の怪力光線で相手を仕止めている（電気砲や怪力線は今日では廃語となっているので、後に改めて説明する）。

潜水艇となるさいは、翼を機体内に引っ込めると本文に説明されているが、イラストレーターは六基の発動機まで機体内におさめるのは無理と判断したらしく、翼端部分のみ主翼内に収容したかたちで海中を行動させている。このあたりは、作者の認識不足を挿絵画家がおぎなっている。

南洋一郎（別名池田宣政）は、美談や伝記、猛獣探検ものからルパン全集の翻訳など、はば広く活躍した作家であるが、『魔海の宝』『潜水艦銀龍号』など潜水艦をもちいた海底冒険小説もよく書いていた。これは昭和十年に西村式豆潜水艦に試乗した体験にもとづくとされているが、ジュール・ヴェルヌの『海底二万リュウ』の影響も当然うけていよう。

その潜水艇が飛行できれば、活躍舞台はさらにひろがることになり、本篇でも空中軍艦は太平洋からインド洋、アラビア砂漠まで飛行している。潜水飛行艇は軍事小説より冒険小説にふさわしい乗り物であったようだ。

構造解説つきの「怪鳥艇」

海野十三『怪鳥艇』にでてくる潜水飛行機は、この空中軍艦よりずっと小型で、乗員はわずか二名である。怪鳥艇という名称は、飛行中の姿が鳥のように見えるところから付けられた名称で、イラスト（原画は飯塚羚児の筆になる）は着水中の光景を示しているが、「光号」が大型飛行艇なら、これは戦闘機である。

機体の下方のふくらんだ部分が浮舟であり、潜水時のバラスト・タンクとなるのであろう。翼はつけたままでも潜水可能であるが、水中で速力をだす時は、翼の内部の横梁ビームを縮め、翼表面の軽鋼板をヨロイ戸式に折りたたみ、艦内に収容すると説明している。翼をおさめると潜舵などが張りだし、潜航中もエンジンをそのまま使用、蓄電池は搭載していない。

このような構造解説は他の作品では見られず、いかにも理工出身の作家の作品らし

海野十三著『怪鳥艇』の小型艇。飯塚羚児が担当した挿絵をもとに描いたもの

い。武装は機銃を装備している程度で、魚雷や怪力線はもたない。飛行中の最大速度は九〇〇キロ／時、軽快で運動性はきわめて良好である。

この怪鳥艇二隻に青少年三人が分乗、蘭印方面で消息を絶ったその一人の父親をたずねて、南方へ飛び立つ。これを捕獲しようと怪外人組織が、攻撃機や潜水艇をも動員して跡を追うが、怪鳥艇は快速を利してたくみに逃れ、戦闘場面はごくわずかである。最後に父親を救出して大団円となるが、やはり冒険小説であろう。

「少年倶楽部」の連載が終わった月に日米開戦となったが、もし連載がつづいていたら、結末はどうなったであろうか。おなじ作者が戦時中に書いたラジオドラマ『潜水飛行艇飛魚号』も怪鳥艇同様の小型艇であったが、当然米軍と全面的に戦わねばならなかった。

このように、小説のうえでは大小さまざまな飛行潜水艦や潜水飛行機が活躍しているのだが、現実はどうであったか。

一九六四年、アメリカ海軍兵器局は三万六〇〇〇ドルの予算をつけて、ジェネラル・ダイナミックス社に潜水飛行艇の開発を依頼した。同社コンベア部門は六ヵ月間研究をかさね、一九六五年に実現可能として、サブ・プレーンと名付けたプランを発表し、完成予想図を示した。

飛行用のエンジンはターボジェット、海水飛沫がかかり難いように、二基を主翼上に、一基を後部胴体上に装備している。二基のエンジンは離水時の補助に、巡航飛行時は後方の一基で十分とされ、潜航時にはポッド前後の口はクローズされる。離水時は胴体下方から水中翼がでてくる。潜航中の推進は潜水艦同様、蓄電池でモーターを介し、後部左右ダクト内のスクリューをまわす。

発表された性能は、飛行中の巡航速度が二八〇キロ／時から四二〇キロ／時、行動半径は五六〇キロから九三〇キロ、潜航時の航続力は深度二三メートル、速力五ノットで九〇キロ、武器搭載量は二二〇キロから六八〇キロ。

だが、このサブ・プレーンはその後も計画が進められた形跡はなく、立ち消えとなった。データを見ても飛行性能、水中性能いずれも実物とくらべ中途半端であり、飛翔のため軽量重視の飛行機と耐水圧構造、水密性重視の潜水艦とは材質的にも相反する存在で、その統合はやはり無理だったようだ。

新戦艦「武蔵」と「高千穂」

——ワシントン条約明けに登場するポスト「長門」型

ポスト「海軍休日」軍艦

大正十年（一九二一年）にワシントン軍縮条約が締結され、建造または計画中の主力艦はすべて工事中止となった。既成艦にもさまざまな制約がくわえられ、廃艦処分を受けるものもでてきた。いわゆる海軍休日《ネーバル・ホリデイ》の始まりである。

この条約で保有が認められた日本の戦艦は九隻、他に兵装や装甲を減らし、機関出力を落として練習戦艦となった「比叡」があり、条約明けの昭和十一年（一九三六年）まで、日本海軍の主力艦陣はこの兵力を保ちつづけたのであった。

在役中、国民に一番人気のあった日本の戦艦といえば、「長門」型であろうかと思う。今日、日本の戦艦といえば「大和」型となろうが、残念ながら建造時、その存在は軍機のヴェールにつつまれて、国民の多くは知るところとならなかった。世界最大の戦艦として人気が高まったのは、戦後、艦名と要目が公表されてからである。したがって、それまで日本最大最強の戦艦といえば、「長門」「陸奥」の二隻であった。通常ならば、数年後に次の新鋭戦艦が建造され、国民の関心や人気もその新艦にうつるのだろうが、軍縮条約でそれが封じられたおかげで、二十数年間、この二隻は国民にもっとも親しまれた戦艦となった。

それも大改装後の姿ではなく、昭和初期、第一煙突を後方へ湾曲させたスタイルが人びとに強い印象を残したようで、「仁王様の火見櫓のような前檣と芋虫か何ぞのような前部煙突」（福永恭助『軍艦物語』）をそなえた艦容は、日本軍艦の代表とされた。その写真が、海軍紹介の書物の表紙や口絵によく使用されていたし、「守るも攻めるも黒鉄《くろがね》の…」ではじまる軍艦行進曲のカットにも、その特徴ある姿が描かれることがおおかった。

軍縮条約下でも、各国に定められた合計排水量の枠内であれば、主力艦の建造は可能であり、保有量いっぱいであっても、旧式艦を廃棄すれば、その排水量を新艦にふり向けることも可能であった。

その場合、新造される主力艦の単艦基準排水量は三万五〇〇〇トン以下、備砲は一

戦艦「長門」

六インチ（四〇・六センチ）砲以下という制限が課せられていた。

新戦艦建造の口火を切ったのはドイツ海軍であった。ヴェルサイユ条約の制限下にひそかに計画をすすめ、一九二九年に着工した装甲艦ドイッチュラントは基準排水量一万トン（実際は一万一七〇〇トン）、二八センチ砲三連装二基をそなえ、ディーゼル駆動の速力二六ノットを出し、当時、ポケット戦艦と騒がれた。

さらに二隻の建造に着手、これに脅威を感じたフランス海軍は、一九三一年から中型戦艦ダンケルク級（二万六五〇〇トン、三三センチ砲四連装二基、速力三一ノット）二隻の建造を開始した。

これに刺激され、イタリア海軍も一九三四年に、前記条約型戦艦ともいうべき戦艦リットリオ級（公称排水量三万五〇〇〇トン、実際の基準排水量四万一三七七トン、三八センチ砲三連装三基、速力三〇ノット）二隻を起工させるなど、新戦艦建造の動きはにわかに活潑になってきた。

当時、日本海軍は在来戦艦の近代化改装をすすめている段階であったが、外国の新戦艦建造のニュースは国民の意識をゆり動かし、いつしか日本の新戦艦建造の夢をめばえさせることになった。

昭和期にはいって、小説のうえでも日本の新戦艦がいくつか登場し始めたのも、国民の間にひそかにただよいだした新戦艦待望の声に、小説のかたちで実現させたものではなかったか。いつまでも「長門」型だけでは、国民も満足しきれなくなっていたのである。

ひと足はやい「武蔵」出現

昭和九年に山中峯太郎が「少女倶楽部」に連載した『黒星博士』では、建造中の戦艦「武蔵」の艦内に、国際的なスパイの黒星博士が侵入して写真を撮影したことから、ストーリーが展開する。

これを一部おぼえていて、戦後に戦艦「武蔵」の建造を暴露した小説があったという人がいたが、この「武蔵」の建造は実物よりはるかに早く、建造所も三菱長崎ではなく、横須賀工廠であった。

三菱長崎造船所

この作品は、日本の機密を狙う黒星博士とこれを追う日本海軍の緒方少佐が、たがいに知略をめぐらして戦う防諜冒険小説であるが、肝腎の「武蔵」は幕あけの舞台を提供しただけで、それ以後は登場もしない。

しかし、当時の若い読者にも、外国スパイが潜水艦に乗って横須賀軍港に潜入し、厳重に警護されている横須賀工廠内にて建造中の新戦艦に忍びこむ――という書きだしは、かなり衝撃的であり、強い印象を残した。前記の「武蔵」機密リークの記憶も、そのときの余韻を物語るものであろう。

実物の「武蔵」は昭和十七年八月に竣工し、十八年二月に連合艦隊旗艦となっている。連合艦隊旗艦「武蔵」も、実物より早く昭和十三年の海野十三の小説『浮かぶ飛行島』に登場するのだが、この方はインパクトが弱かったとみえて、この作品を少年時代に読んだ人でも、「武蔵」の場面はほとんど忘れているようである。

『黒星博士』にでてくる新戦艦「武蔵」の大きさは、どのくらいであっただろうか。

本文から拾いだしてみると、基準排水量三万六七二〇トン、長さ二一五メートル、幅二九メートル、機関出力九万馬力、速力二四ノットとある。兵装については、何十門という大砲、水雷、飛行機等を装備しているが、その戦闘力は最大の機密であり、各国とも秘密にさぐろうとしているとして、読者にも教えてくれないのである。

こうした秘密めいた書き方が一種のリアリティをあたえるとともに、事件の重大さを少年の心に強く訴えることになった。

「新戦艦武蔵‼

我らの帝都東京のある『武蔵』の国の名を新たな戦艦の名にえらんだ。それほど、この最新式の戦艦は、日本の国防にとって、海をまもる最も大事な力なのだ」

という文章が、本物の「武蔵」が進水する六年以上も前に、雑誌に載ったことを、今の読者はどう思われるだろうか。

なお、本艦の三万六千余トンという端数のついた、もっともらしい数字は、当時公表されていた「長門」型の基準排水量に四〇〇〇トンを加えたものであった。「長門」「陸奥」より数千トン大きいだけで、当時の少年は「すごい！」と感じていたのである。

新戦艦の出てくる小説はこれだけではない。平田晋策の『怪魔火星戦隊』（昭和10年、「富士」）には七万トンの新艦「朝日」が登場するし、海野十三『怪塔王』（昭和13年、「東日本小学生新聞」）にも新戦艦「淡路」がでてくる。建造中の「武蔵」とことなり、いずれも完成はするのだが、前者は処女航海で他国を儀礼訪問して行方不明となり、後者は公試運転中に怪磁力をうけて座礁してしまう。「武蔵」同様に事件の発端に使われるだけで、新戦艦らしい活躍を見せる場面はない。つまり、いずれも新戦艦は事件の重大性をしめす背景に使われているだけで、作者の意図するところは、新戦艦にはない。

だから読者は、新戦艦の匂いは嗅がされても、どのような戦艦で、どこの国との海戦で、どのような戦い方をしたか――をしめす場面はなく、味わうことはできないのだ。

新戦艦「高千穂」の詳細

そのなかにあって、ただひとつ新戦艦の要目から艦型図までを作品のなかで発表し、その海戦のもようも明確に描いた小説が一つあった。

『昭和遊撃隊』の作者平田晋策が昭和十年七月から翌年三月にかけて「少年倶楽部」

に連載した『新戦艦高千穂』がそれで、戦前、架空の戦艦を題名とした唯一の作品であった。時期的にいえば、無条約時代をむかえる直前に書かれており、条約下の戦艦として見るべきであろう。挿絵は『昭和遊撃隊』とおなじ村上松次郎である。

この小説は、北極の秘密郷の領土取得をめぐり、日本とA、B三ヵ国の探検隊があらそう話である。

といえば、秘境探険の冒険小説と思われがちだが、探検隊の乗った船が通常ではない。祖父の遺志をついで北極にむかう主人公の小川少年が乗る探険船「北斗丸」は、帆走設備を持つ二〇〇〇トンのディーゼル船だが、一五センチ砲にカタパルト、水上攻撃機一機を搭載する武装船なのである。

これは私的な探検隊であるが、本隊というべき日本の探検隊は戦艦一隻、練習戦艦一隻、運送艦一隻で編成された北洋艦隊で、指揮官は海軍少将だ。

対するA国（アメリカ）は戦艦三隻、水上機母艦一隻、潜水艦一隻、砕氷艦一隻、B国（ソ連）は戦艦三隻、砕氷艦一隻という、いずれも強力な艦隊（いずれも護衛する巡洋艦や駆逐艦が見えないのが奇妙だが、作者によれば艦底が弱く、氷の海の作戦に不向きの由）をそろえており、編成表と各艦の要目までついているのが、いかにも軍事評論家の作品らしい。

その日本北洋艦隊の旗艦が「高千穂」であり、その要目は次のように説明されている。

別掲の艦型図とイラストを参照しながら、内容を見ることにしよう。

基準排水量三万六〇〇〇トン、長さ二〇〇メートル、幅三〇メートル、吃水一〇メートル。

兵装四〇センチ砲四連装三基、一五センチ砲四連装四基、一三センチ高角砲連装六基、小高角砲八門、機銃八門、魚雷発射管（水中）二基、機雷八〇、カタパルト四基、水上機一六機。

装甲二五〇～四〇〇ミリ、主機ディーゼル、出力二〇万馬力、速力三三ノット、航続力三万海里。

本艦の要目や艦型図はジェーン軍艦年鑑に紹介され、実在の英軍艦研究家で同年鑑の編集者でもあったオスカー・パークス（本職の医者《ドクター》を博士と誤訳したのはご愛敬であるが）が絶賛したことになっている。

重装甲重兵装であり、これでは三万六〇〇〇トンに収まりそうもないが、当時は大改装をしても公表している排水量は変えないことがおおかったから、読者はそれほど違和感を覚えなかったのかも知れない。

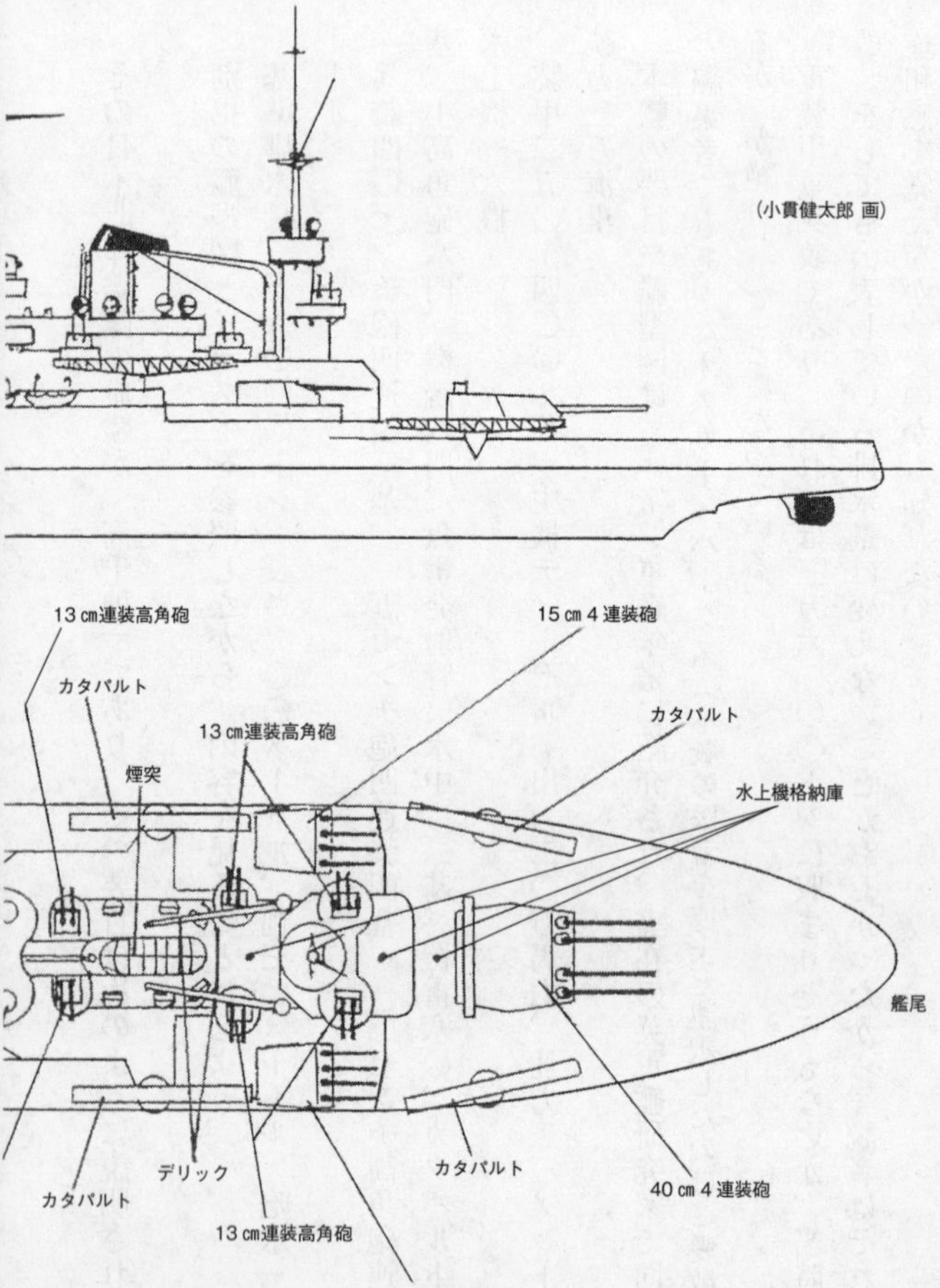
13㎝連装高角砲
15㎝４連装砲
カタパルト
13㎝連装高角砲
カタパルト
煙突
水上機格納庫
艦尾
デリック
カタパルト
カタパルト
40㎝４連装砲
13㎝連装高角砲
15㎝４連装砲

（小貫健太郎 画）

新戦艦「高千穂」2面図

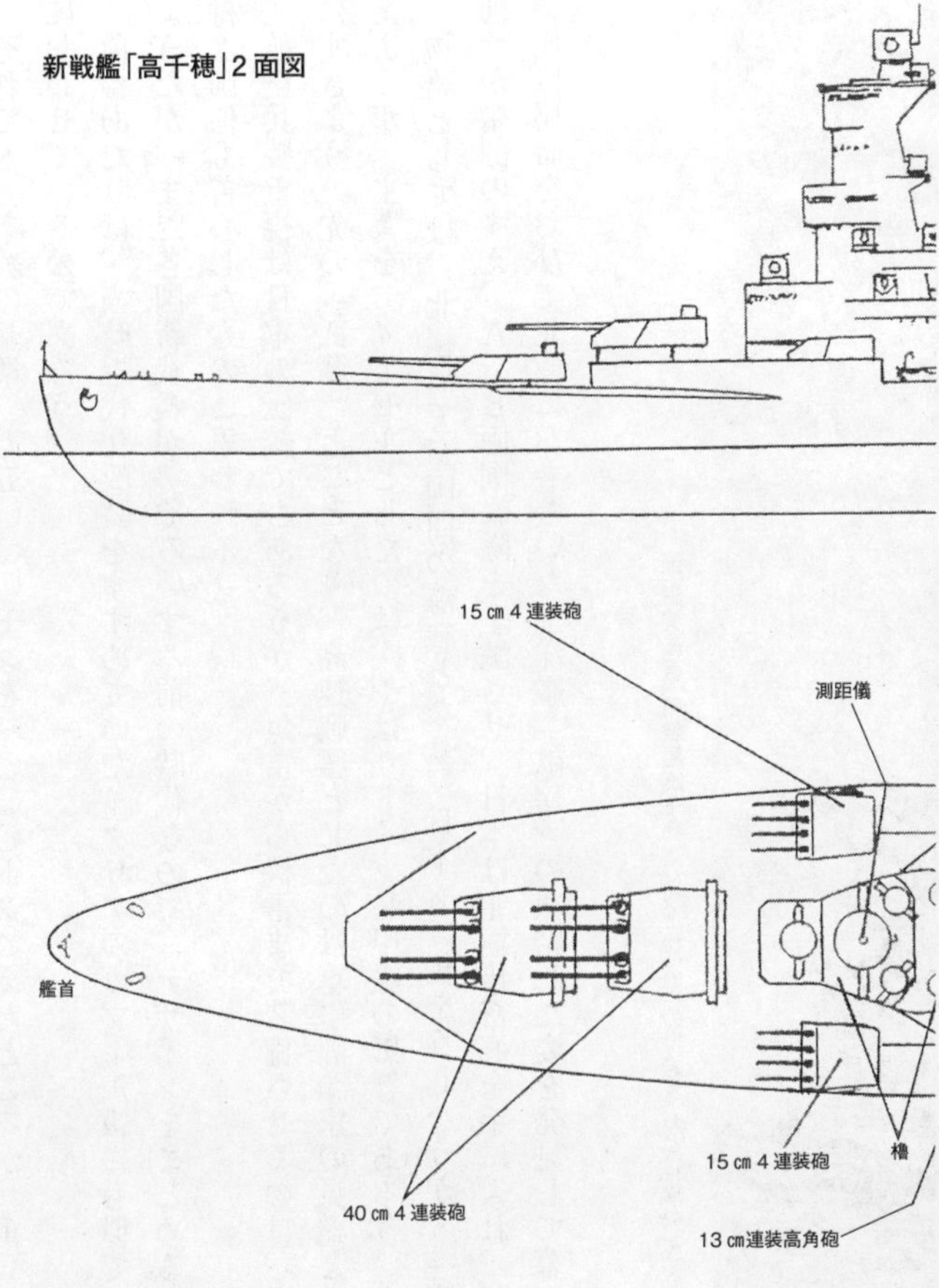

それでも、条約の基準三万五〇〇〇トンを一〇〇〇〇トンこえたところが、重兵装をにおわせているのであろう。

前檣あたりは、当時近代化改装をすすめていたイタリアのカブール級にも似ているようだが、まだ各国新戦艦が勢ぞろいする前の時代なので、デザインをまとめるのに、村上画伯も苦心したものと思われる。

航空兵装重視は日本の伝統でもあろうが、魚雷から機雷まで装備させるのは、過重にすぎよう。先の「武蔵」とことなり、高速戦艦としたのは軍事評論家の見識ともいえようが、主機をディーゼルとしたのは、やはりドイツ装甲艦の影響であろう。

物語としては、北極海で三国間の海戦となり、日本も一隻をうしなうが、「高千穂」が奮闘のすえ、A、B両国艦隊を全滅させ、日本は北極秘密郷を手に入れ、明治時代に秘命をおびて北極におもむいた巡洋艦「畝傍」の凍結した姿を発見して幕が下

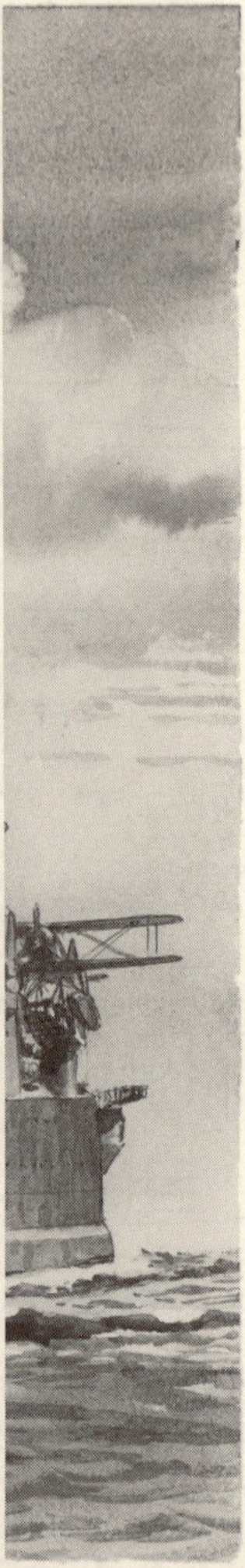

平田晋策著『新戦艦高千穂』の村上松次郎の挿絵をもとに描いた「高千穂」

りる。

平田晋策が前作『昭和遊撃隊』を連載していたころ、一つの事件が発生していた。当時、このような日米未来戦記がさかんであったが、その一つ、雑誌「日の出」昭和九年新年号別冊付録の福永恭助『日米戦未来記』がハワイの税関で没収され、焼却処分を受けたのである。

当局は、日米間の国際危機をあおるような出版物、とくに少年物のそうした傾向を好ましくないものと判断し、「安寧秩序を乱すもの」として取締り、発禁処分にし始めた。

昭和九年から十二年にかけて、愛国飛行普及会『日米若し戦はば』、村田義光『少年海戦隊』、加治亮介『日米戦争』、長野邦雄『太平洋行進曲』など九冊が発売禁止の指定をうけた。『昭和遊撃隊』も出版は認められたが、作品中の国名、地名、軍艦名などはすべて架空のものにあらためねばならなかった。『新戦艦高千穂』で、北極探検に戦艦出動という無理な設定をしたのも、そんな事情が影響しているようである。

本篇執筆後、平田は衆議院選挙立候補のため郷里へ帰り、自動車事故にあって急逝した。遺著として刊行するさい、講談社は巻頭に追悼文を掲げて哀悼の意を表した。

この「高千穂」の実像は、戦艦「大和」型となるわけだが、今さらその解説をするまでもないので、戦時下、連合軍側で日本の新戦艦をどう見ていたかを紹介したい。

開戦当初、排水量四万トン以上、四〇センチ砲九門装備、速力三〇ノットの戦艦二隻が昭和十三、四年頃、三菱神戸と呉で着工され、艦名は「紀伊」と「尾張」とし、十四年には「土佐」も舞鶴で着工、いずれも十八年頃に竣工したと見ている。十五年には「安芸」（呉）、「薩摩」（三菱神戸）も起工、これらは四万三〇〇〇～四万五〇〇〇トンの情報もあった。

「大和」の概要を知ったのは十九年十月、本艦が比島沖海戦に参加し、シブヤン海で戦闘中を上空より撮影されたときであった。

要目は基準排水量四万六〇〇〇〇トン、全長二六五メートル、幅四二・三メートル、四〇センチ砲九門、一五・五センチ砲六門、一二・七センチ高角砲一二門、四七ミリおよび二五ミリ対空機銃多数。装甲舷側三五ミリ、甲板一五ミリ、主機ギヤードタービン、出力一六万馬力、速力三〇ノット——と推定している。

さすがに排水量六万四〇〇〇トン、主砲四六センチまでは判断ができず、アイオワ級とほぼ同等の戦艦と見ていたようである。

浮かぶ飛行島
——巨砲と重爆を装備した動く海上要塞／氷山空母ハバクック

秘密のヴェールの中の空母

大正十年（一九二一年）のワシントン軍縮条約は、航空母艦について、一隻あたりの基準排水量の上限を二万七〇〇〇トンと定めたが、特例として、合計トン数の制限範囲内ならば、三万三〇〇〇トン以内の艦を二隻まで建造することを認めていた。

これは、この条約で廃棄が決定した主力艦を、改造して空母に転用するためにもうけられた規定であり、これにもとづいて日米両海軍は、それぞれ二隻の大型空母を手に入れることができた。これが日本の「赤城」「加賀」とアメリカの「レキシントン」「サラトガ」の四隻で、ビッグ・フォーと騒がれた。

当時、公表された要目は、「赤城」と「加賀」が排水量二万六九〇〇トン、レキシントン級が三万三〇〇〇トンで、いずれも最初の空母「鳳翔」（七四七〇トン）、ラングレー（一万一〇五〇トン）とくらべ、ほぼ三倍もあったからである。

この四隻は、昭和二年（一九二七年）から翌年にかけて完成したが、日本の二隻は三段式飛行甲板の平甲板型《フラッシュ・デッキ》、アメリカの二隻は巨大な煙突や艦橋を飛行甲板右舷に直立させた島型《アイランド》と、外観はまったく相違していた。

新造時の「赤城」は、昭和四年に出た安倍季雄の『幼年冒険小説集』に『航空母艦赤城の巻』の一章をもうけて登場する。この小説では、「赤城」は数十機の搭載機と少年団員を乗せて南シナ海の海賊捜索に出動し、インド洋で海賊船を捕獲する。

この小説で興味深いのは、海賊船を求めて艦上機が発艦するのが、飛行甲板ではなくて滑走台と書かれているところであろう。滑走台はカタパルトの登場前、戦艦や巡洋艦の砲塔上などにもうけられた小型の発艦甲板で、着艦はできない。したがって、この説明は誤っているのだが、飛行甲板なる用語は当時、一般にはまだ定着していなかったようで、滑走台という古い用語が使われたものと思われる。

おそらく、空母「赤城」が登場する最初の小説であり、作者も空母と海軍機という新しい兵器を、冒険小説の中で使ってみたかったのであろう。

しかし、以後、こうした作品を捜しだすのは困難である。戦後、ハワイ海戦やイン

空母「加賀」

ド洋作戦、ミッドウェー海戦などの活動があきらかとなって、フィクション、ノン・フィクションを問わず、「赤城」や「飛龍」の活躍する作品は珍しくないのだが、これとは対照的に、戦前、空母の戦闘を描いた作品がきわめてすくないのは何故だろうか。「赤城」「加賀」という条約特例の大型空母を二隻も保有しているのだから、これを題材とした作品がもっと生まれてもよさそうに思われる。

その一つは、航空母艦について、日本海軍の機密のヴェールがかなり厚かったことがあげられよう。「鳳翔」「赤城」などの各艦について、基準排水量、兵装、機関、速力などの要目はいちおう公表されているが、搭載機数は空欄となっており、機種も当然知らされなかった。

写真も停泊中のものがおおく、艦上機の発着艦中の光景や、航空関連の諸設備などもほとんど公開されなかった。

これに対し、アメリカ海軍は空母レキシントン級の演習中の情景や、飛行甲板上に多数の搭載機を露天繋止した写真を多数公表していた。空母や艦上機をあつかったアメリカ映画もいくつか日本で封切られており、空母や急降下爆撃機の活動をこれで知った人もすくなくなかった。

空母の実戦での活躍が伝えられたのは、昭和七年（一九三二年）の上海事変のときで、「加賀」小谷大尉機が蘇州上空で米人ロバート・ショート操縦の戦闘機と交戦、これを撃墜したが、大尉自身も空の華と散ったときであった。このときも空中戦として語られ、「加賀」自体の行動は具体的に語られることはなかった。後の日華事変では、艦種、艦名も公表されなくなり、すべて軍艦○○とされた。

空母ならばレキシントン

「戦う航空母艦」の口絵が「少年倶楽部」に載ったことがあったが、描かれた空母はレキシントン級であった。これを襲う飛行機は標識はなかったものの、当然日本機のはずであった。日本空母がどのように戦うか、編集部も画家も把握できなかったのであろう。

従来の軍艦とくらべ、平甲板型の空母が絵になりにくかったことも影響していたよ

空母サラトガ

うで、「日本の赤城や加賀では飛行甲板上には煙突さえも出ていない。こんな艦が薄暗い晩なぞに高速を出して大洋を走っているのに出くわしたならば、まったくの話がグロテスクな感じがする」（福永恭助『子供のための軍艦の話』）として、空母を「お化け船」だと海軍出身の作家さえも述べているくらいだ。

空母のもつ脆弱性——飛行甲板が被弾破壊されれば発着艦は不能、爆弾、ガソリン搭載による爆発の危険や、発艦行動中は敵潜水艦に狙われやすいなど——も当時指摘され、大型空母一隻より、小型空母を多く持つ方が有利との主張もなされていた。小説で空母をあつかう難しさは、こんなところにもあった。

「赤城」自体についても、サラトガと比較して「赤城はサラトガよりも、大砲の数が多いというだけで、あとはすべての点で負けている。艦の大きさも小さいし、速力も遅いし、持っている飛行機の数も少い」（久米元一

『勝つか負けるか日米大戦争』）と、はなはだ分が悪い。これは戦艦や一万トン巡洋艦（重巡）で日米比較をし、日本の個艦優秀を語った後の話である。

「しかし、この数字を比べただけで、悲観する必要はないのだ。なぜなら、日本では、航空母艦のくわしい数字を秘密にしているからだ」として、実際の速力や搭載機数はもっと大きいだろうと推測して、若い読者を慰めている。だが、これでは「赤城」がサラトガと戦い、これに勝つ場面を描くのはかなり困難といえよう。

その「赤城」が大改装をほどこして、近代的なスタイルに生まれ変わるのは昭和十三年（一九三八年）であるが、当時その写真は公表されず、要目もあらためられることはなかった。

第一次大戦後、航空技術の進歩はめざましく、爆撃機の航続力や爆弾搭載量の増大も、いちだんと顕著になってきた。列強諸国の空母力増強にともない、浮上してきたのは外国機の侵入に対する防空の問題であった。

そのさい、脅威となるのは、大陸方面のソ連空軍と太平洋方面から来攻するアメリカの母艦航空兵力であった。

とくに、太平洋方面からの空襲は、首都東京を直接攻撃することが可能であり、その他の主要都市も太平洋沿岸方面におおく、人口が稠密で都市に集中していること、木造家屋がおおいことをあわせ考えると、空襲の脅威はかなり高く、軍でも防空問題を真剣に検討するようになった。

昭和の初め、参謀本部は軍令部の情報や判断をもととして、アメリカ海軍の空母はレキシントン級五隻（実際は二隻だが同型の大型空母を五隻と仮定したもの）と判断し、彼我海軍の決戦に先立って、空母全兵力を対日空襲に使用することはなくても、そのうち二隻はこれにあてることが予測された。

米空母は一隻あたり爆弾搭載量五〇〇キロの爆撃機七〇機の収容が可能であり、対日空襲に使用する兵力は百数十機、母艦の構造上、これが二波以上に分れて来襲するだろうと判断され、対策が講じられた。ここにおいて、最大一二〇機搭載が可能といわれたレキシントン級の存在が、大きくクローズアップされたのである。

昭和三年には大阪で最初の防空演習がおこなわれ、以後、各地で実施された。大正時代からつづいていた日米未来戦記の中に、米空母による空襲の危機が多く描かれるようになったのも、昭和に入ってからであった。

今、手許にある日米未来戦記の中から、そうした場面のある作品を拾いあげてみると、バイウォーター／北上亮二訳『太平洋の争覇戦一九三一―一九三三』（大14）をはじめとし、川田功『日米実戦記』（昭2）、水野広徳『海と空』（昭5）、同『興亡の此一戦』（昭7）、中島武『日本危し！　太平洋大海戦』（昭7）、海野十三『爆撃下の帝都』（昭7）、石丸藤太『太平洋戦争』（昭7）など昭和初期に急増している。

その中には、レキシントンやサラトガの艦名がでてくるものがいくつもある。未完に終わったが、直木三十五が村田春樹の筆名で「文藝春秋」に連載した『太平洋戦争』（昭6）にもレキシントンは登場する。

つまり、昭和初期の作品でもっとも多く出てくる空母は、日本のではなく、アメリカのレキシントンやサラトガであった。それも、日本空襲の主役という一種の悪役的存在として描かれていた。国民の多くは、空襲の脅威として空母を認識することになったのである。

英国の『浮かぶ飛行島』

昭和十三年（一九三八年）に「少年倶楽部」に連載された海野十三『浮かぶ飛行島』は、南シナ海でイギリスが洋上中継航空基地として建設中の飛行島に、欧州から帰国途上の日本練習艦隊が立ちよるのが発端で、このとき密命をおびた川上機関大尉は労働者に変装して飛行島に潜入し、従兵の杉田二等水兵もその後を追う。

探索の結果、飛行島の正体は単なる洋上中継地ではなく、対日攻略用の超大型空母であり、巨砲と重爆撃機を装備した動く海上要塞であった。スパイ侵入を知った英海軍も捜索に乗りだし、いくたびか危機が訪れるが、これを切り抜ける。やがて工事なった飛行島は試運転を開始、日本海軍も潜水艦を派遣してこれを偵察する。ソ連と組んだイギリスは日本と国交断絶し、飛行島も仮面を脱いで空母の正体をあらわし、これを主力とした艦隊が編成され、日本めざして進撃する。内部で活動を開始した川上大尉は飛行島の中枢部を占領、杉田水兵は爆弾をかかえて爆薬庫に跳びこみ、飛行島を爆破——日本の危機は二人の活躍で未然に防ぐことができた。

この飛行島にはモデルがある。当時英誌に載ったシー・ドロームと称し、オーストラリアのヘーサー技師が考案した長さ六〇〇メートルにおよぶU字形をした巨大な浮き飛行場であった。その頃、こうしたアイデアはいくつかあったが、おおくは海上の構築物を鎖で海底に固定したのに対し、本案は海中に沈めた一二コのタンクの上に作られ、推進器をそなえて、若干の移動を可能としたところが特徴であった。

この小説では構想をさらに発展させ、三五ノットの高速力で航走するばかりか、二〇インチ砲八門と超重爆撃機八〇機も搭載できる巨大な空母、一種の航空戦艦に仕立

海野十三著『浮かぶ飛行島』の主役ともいえるイギリス
軍の巨大洋上航空基地。樺島勝一の挿絵をもとに描く

1942年にイギリスで考案された氷山空母ハバクックの想像図

てていたのである。こうした浮き飛行場を戦前に航空前進基地とすることは、直木三十五の『太平洋戦争』『夜襲』にも見られるが、これを巨大空母としたのはSF作家ならではのアイデアであろう。

樺島勝一の画いた飛行島全景が残されているが、これは平時のもので、ヘーサー技師の原案そのままといってよい。空母となったとき、砲をどう装備し、爆撃機をどう搭載するか、といった改装後の姿がないのが残念である。

今日の目から見れば、水上機用の飛行池は不要であり、飛行甲板を張るか、浮き船渠に利用すべきであろう。搭載するハンドレページ超重爆撃機は、爆弾搭載量一五トンとB19なみになっている。

前記参謀本部の試算では、レキシントン級二隻による総爆撃量は七〇トンにすぎず、空襲の威力もさほどではない。しかし、飛行島の超重爆八〇機の総爆弾量は一二〇〇トンに達し、これは相当の脅威である。つまり飛行島はレキシントン級の攻撃力をさらに強化させた、一種の戦略空母なのである。

ちなみに東京初空襲を実施した米空母ホーネット積載のノースアメリカンB25爆撃機は、一機あたり五〇〇ポンド爆弾、焼夷弾計四発、一六機合計で総量は一四・三トンであった。

飛行島に匹敵する第二次大戦中の空母計画といえば、昭和十七年（一九四二年）にイギリスで考案された全長六〇九メートル、幅九一・四メートル、吃水四五・七メートル、排水量二一一万三〇〇〇トンの氷山空母ハバクック以外にはない。パルプと水をまぜて冷却したパイクリートを船体とし、飛行甲板は長さ五四九メートル、幅七六メートル、搭載機は戦闘機二〇〇、爆撃機一〇〇の三〇〇機といわれ、大西洋中央部に配置して船団護衛の洋上基地にしようという壮大な計画であった。冷却システムと対空兵装（四インチ高角砲、四〇ミリ・二〇ミリ機銃多数）をそなえ、水線下に二六基のモーター推進装置を取りつけ、六ノットで移動可能であった。

一九四四年着工の予定で進められたが、一九四三年、対潜作戦の好転により、パイクリート実験船を試作した段階で計画中止となった。

この小説の中で、飛行島は無限軌道式の飛行甲板をそなえており、逆回転させて滑走距離を増し、重爆を発進させるのだと説明して、ソ連の特使から、それでは主翼に揚力が得られず、飛行機が飛べるわけがないと指摘され、全力発揮まで準備滑走するのだ、と苦しい説明をする場面がある。

それなら強力なカタパルトを用いた方がよさそうに思えるが、当時のカタパルトは力量がすくなく、重爆の発艦は考えにくかったのであろう。

この無限軌道式飛行甲板とおなじものを、戦時中にアメリカのローガン・U・リーヴィス氏が考え、これを装備した航空巡洋艦の案を一九四三年三月にコリアーズ誌に発表している。

氏は米海軍協会会員であり、中央にこの踏車式発艦装置《トレッドミル・アクセレーター》付き飛行甲板、前後に二八センチ砲六門をそなえたこの艦を、未来の軍艦として提案した。人の見る夢は東西とも似たものといえようか。

飛行機搭載潜水艦と強襲揚陸艦

──作者の想像力は現実の新兵器となって現われる

伊四〇〇潜の幻影を見た

「航空母艦翔星の前檣塔に設備されている三台の暗夜監視機《ノクトバイザア》のコーニング硝子は崇高に沈黙していた。四十五度の傾斜で、暗黒な空へ赤外線を放射しながら、敵機の夜間来襲を監視している暗夜監視機は、その機能に、翔星の運命を、乗員の運命を、それから、一國の運命を賭しているのだった」

これは、昭和五年に発表された直木三十五『夜襲』の冒頭の一節である。この中に出てくる暗夜監視機とは、どんな機械なのかはわからないが、その描写から、暗夜の空へ赤外線を放射して敵機の来襲を探知する装置のように思われる。もちろん、レーダーが登場するはるか以前の作品であるが、これを電波探信儀におきかえて、コーニング硝子や赤外線を空中線や電波にあらためるなら、最近の仮空戦記の書きだしとしても、そのまま使えるのではないか。

暗夜でも敵機の接近を探知する兵器は、当時はまったくの夢の兵器であったに相違ないが、これが第二次大戦ではレーダーとして実現し、活躍したことはあらためて説明するまでもない。つまり、作家が作品中に描いた夢は、約十年後の戦争では現実のものとなり、たがいに姿は見えなくても戦闘のはじまる時代となったのである。

軍艦に関しても、蘭郁二郎《らんいくじろう》『超潜水母艦』（昭17）に出てくる小型潜水艦多数を搭載し、洋上で発進可能な潜水母艦は、日本海軍で甲標的母艦「千代田」として実在したし、福永恭助『翼の誓い』（昭9）の大型客船改造の仮装航空母艦は、第二次大戦中、日本の「大鷹」「隼鷹」や、イタリアの「アークィラ」のかたちで実現している。

今回は、このように小説が書かれた当時は、夢の兵器であったり、そう思われていた軍艦や搭載兵器で、じつはすでに完成していたり、その後に実現したものを、いくつか取り上げてみたい。そして、当時の作家や挿絵画家が空想したものと、現実がどのように相違していたかを比較してみることにしよう。

最初に掲げるのは、水上機を搭載し、カタパルトで射出する潜水艦である。

これは、すでに紹介した海野十三『浮かぶ飛行島』（昭13）に登場する日本海軍の

伊8潜

ホ型一三号潜水艦で、司令塔前に水上機の格納庫、揚収用クレーンをそなえ、艦首にかけてカタパルトを装備している。むろん日本海軍の潜水艦は伊、呂、波号の三種だけで、保号という艦名は存在しないが、実在の艦名と抵触しないよう、わざとない艦名を用いたものであろう。

連載中、このホ一三号潜水艦が最初に現われた時、画家は伊号（一等）潜水艦でないところから、呂号を思わせる中型潜水艦を描いていたが、その後、格納庫やカタパルトをそなえた大型潜水艦とわかり、イラストもそのようにあらためざるを得なくなった。

当時、日本海軍は初めて水上機格納筒とカタパルトを装備した巡潜Ⅰ型の伊五潜をはじめとし、巡潜Ⅱ型、Ⅲ型など数隻の水偵搭載、カタパルト装備の潜水艦を保有していたが、いずれも格納筒やカタパルトは後方に装備されていて、雑誌掲載のイラストとは明らかに相違している。

ホ-13

海野十三著『浮かぶ飛行島』に登場するホ型
13号潜水艦。樺島勝一の挿絵をもとに描く

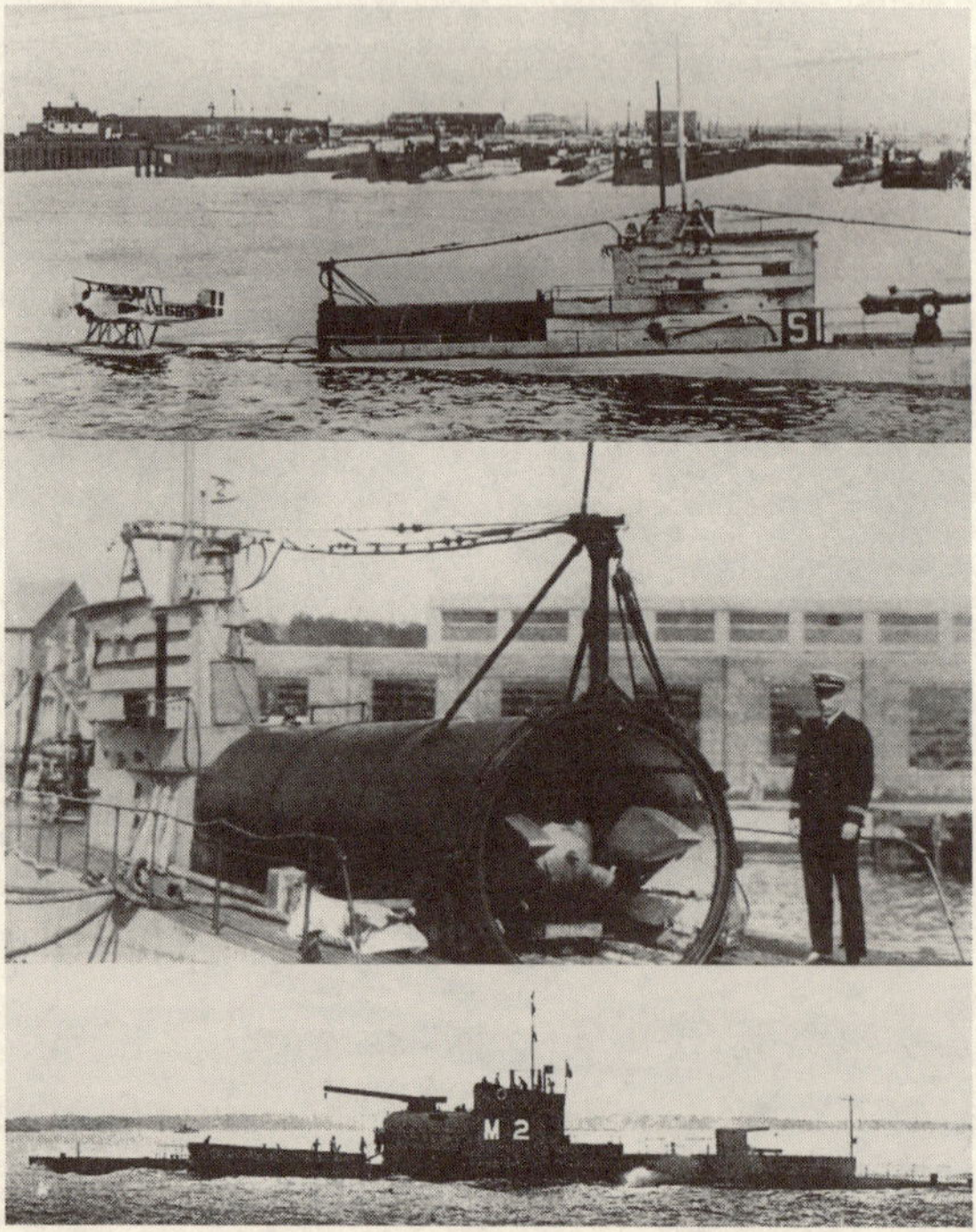

（上中）S１潜水艦。（下）M２潜水艦

しかし、これらの航空兵器については、伊五潜の水偵搭載改造が公表（写真は未発表）されただけで、他はいっさい機密扱いとなっており、ましてや、格納筒やカタパルトがどこにもうけられたかは、一般にはまったく知られていなかった。

潜水艦の飛行機搭載実験は第一次大戦当時からはじまっているが、当時は浮上状態での発進で潜航はできなかった。潜水艦に水上機の格納筒をもうけたのは、大正十二年にアメリカ海軍のＳ１潜水艦が改造されマーチンＭＳ１水偵をおさめる格納筒を装備したのが最初であるが、カタパルトは持たなかった。

昭和二年にイギリス海軍のモニター潜Ｍ２が備砲をおろし、前部にパーナル・ピート水偵収納の格納筒とカタパルト、揚収クレーンを装備し、これがカタパルト装備潜水艦第一号となった。その後、イタリアやフランスでも同様なこころみが実施されたが、カタパルトは装備しなかった。

つまり戦前、潜水艦でカタパルトを装備し、水偵の射出実験を実施したのは、イギリスのＭ２だけであり、その射出実験の写真も公表されていた。だからこの挿絵を担当した樺島勝一が、カタパルト装備の潜水艦として参考用に使えたのは、Ｍ２しかなかったのである。

ホ一三型潜水艦の航空兵装がＭ２のそれによく似ているのは、そうした理由からであり、日本式の後方装備は知ることもできなかったのだ。なお、このＭ２も昭和七年一月に事故喪失し、けっきょく第二次大戦でこのようなカタパルト装備潜水艦を活躍させたのは、日本海軍だけであった。

日本に襲いかかる特殊船

次に示すのは平田晋策著『昭和遊撃隊』（昭9）に出てくる特務運送船と称する強襲揚陸艦である。

この小説の終わりちかく、日本進攻部隊の一翼をになって千葉県房総半島沖に迫り、舷側の開口部から水陸両用戦車を発進させるとともに、船上にそなえた飛行甲板から爆撃機を発艦させ、上陸作戦への支援攻撃を実施する。当時まだどこの国にもなく、その名称すらなかった強襲揚陸艦なのだ。

船の大きさは不明だが、二〇センチ砲四門をそなえ、船内には水陸両用戦車二五両を収容し、舷側二ヵ所のランプをひらくと、戦車は歩板から海上に降りて進撃する。一方、最上層の飛行甲板からは複葉爆撃機が発着可能で、一二機を搭載している。

この船は、日本上陸作戦にそなえて二〇隻が用意され、戦車五〇〇両、爆撃機二四〇機を搭載輸送する任務をになっていた。

強襲揚陸艦にかぎらず、上陸用舟艇をのぞけば、揚陸艦艇もほとんどなかった時代である。この着想は画期的ともいえようが、この小説の連載当時、世界最初の上陸用舟艇母艦が建造中であった。日本陸軍の特殊船「神洲丸」である。

戦車を搭載した大発ではなく水陸両用戦車を発進させること、発進用の開口部を船尾ではなく、舷側（これは艦首にもうけた二等輸送艦やLSTとも異なる）にもうけたこと、「神洲丸」はカタパルトによる飛行機発進のため着艦はできず、実際の揚陸作戦ではほとんど役立たなかったなど、いくつかの相違はあるが、両者は性格的にはよく似ている。

特務運送船と特殊船という名称にしてもそうで、小説の中でも、上陸作戦の全般指揮をとるのは、爆撃隊の出撃をふくめて陸軍少将である。性格的には特殊船でも、飛行甲板をそなえた次の「あきつ丸」にさらに似ているのだが、軍事評論家の平田晋策はこれを知っていたのだろうか。

「神洲丸」の計画は極秘のうちに進められ、設計を委託された海軍もふくめ部内ではそれぞれ別の暗号名で呼ばれた。竣工後も、演習以外は陸軍の兵器工廠のあった瀬戸内海の金輪島の島蔭に隠し、船名をたびたびあらため、乗船には陸軍大臣の許可を要するなど、その秘匿は厳重をきわめた。

事実、日華事変で大陸方面に出動するまで、その存在は世界に知られることはなかった。これほど機密扱いされた船のことを、軍事評論家とはいえ、作者は知っていたのだろうか。

知らなかったとすれば、このような船を、平田晋策はどこから思いついたのであろ

平田晋策著『昭和遊撃隊』の特殊運送船。村上松次郎の挿絵をもとに描く

うか。これは、筆者が永年いだきつづけた疑問である。

この船は飛行甲板を装備しているが、煙突を舷側に直立させ、これに付属した支柱と反対舷の支柱をブリッジ状に連結して、アーチ型の構造物を飛行甲板上にもうけ、搭載機はこの下をくぐって発進する仕組みとなっている。この上にはマストがもうけられ、作戦指揮所か発着艦指揮所でも設置されているのだろうが、挿絵ではそこまではわからない。

これは第一次大戦時代のカンパニアや初期の空母計画で考えられた構造である。原文にはそうした説明はまったくなく、これはイラストを担当した村上松次郎の発案であろうが、ふつうの平甲板型《フラッシュ・デッキ》とはせず、こんな複雑な構造をなぜ採用したのだろうか。単なる空母ではなく、揚陸用の新しい艦であることを示すために、変わったデザインを考えだしたのかも知れない。

日米未来戦をあつかった小説は、明治以来、数多く生まれているが、日本本土上陸戦を具体的に描いた作品は珍しい。第二次大戦中、各地で展開された激烈な揚陸戦を考えると、『昭和遊撃隊』はそれを予言した小説であるといえよう。

その点で、第一次大戦前に潜水艦による通商破壊戦の恐怖を予告したコナン・ドイルの『危険！』と双璧をなす作品のようにも思われる。

空母オリオンと「荒鷲」機

最後は、同じく『昭和遊撃隊』に出てくる空母オリオンを発艦する荒鷲爆撃機である。当時、双発の艦上機はまだなく、飛行甲板をつぎつぎと発艦する姿を、空中の機上から俯瞰して描いた構成は映画の一場面を見るようで、すばらしく印象的なものであった。

たしか、昭和十年に雑誌「富士」に連載した平田の『怪魔火星戦隊』の予告の広告にも、この挿絵が使われていたと思う。『昭和遊撃隊』の大人版ともいうべきこの作品は、挿絵も同じ村上松次郎との組み合わせであったが、当局の干渉を避けるためか、日米戦を思わすような構成をとらず、完全な仮空国同士の戦争としたため、読者へのインパクトも弱く失敗作に終わり、単行本にもならなかった。

空母は二本煙突になっているが、あきらかにレキシントンかサラトガである。この荒鷲爆撃機は、三〇ミリ機関砲二門と機銃六梃を装備した双発の艦上爆撃機で、最大速度四五〇キロ／時、搭載爆弾一五トン、航続力一万八〇〇〇キロという昭和遊撃隊の宿敵であり、上空から毒ガスの撒布も実施するという恐るべき攻撃力をそなえた航空機であった。

これが何をモデルにしたかは不明であるが、別のところで平田が「アメリカがマルチン爆撃機を空母に積んだら……」と書いたことがあり米陸軍のマーチンB12か、輸出用のモデル139Wあたりを念頭において、高性能化したものかも知れない。これを空母オリオンに一三機積むことになっており、一五トンという爆弾搭載量もB19なみで驚異的だが、これも全機合計で約二〇〇トンという空襲時の威力を計算したものであろうか。

筆者はこの挿絵が記憶にあったため、戦時中に、東京初空襲が空母ホーネットを発艦したB25によるものだと知った時も、すこしも意外に思わなかった。機数も一三機と一六機、ほぼ同じではないか。

さて、実際の双発艦上機の歴史は、そんな容易なものではなかったらしい。昭和二年に配備されたアメリカ海軍のダグラスT2D－1は最初の双発複葉艦上機とされ、空母ラングレーの雷撃隊（VT－2B）に一機配属されているが、飛行甲板への発着に成功した記録はない。

同機には陸上機型と水上機型とがあり、基地に配置された機体のおおくがフロートをつけた水上機型であったし、たった一機というのも奇妙で、これも水上機型でなかったかと思われる。試験的配備としても、陸上機型なら当然、大型高速のレキシント

グラマンF7F－1

ンかサラトガに搭載すべきであろう。

　翌年には空母搭載は一機もなく、二機が水上機母艦となっていたアルーストックに搭載されているのも、これを裏づけているようだ。

　日本海軍も、昭和四年に三菱に大型艦上攻撃機の設計を要求し、魚雷または爆弾一トンを搭載する双発複葉機として、昭和七年に七試双発艦上攻撃機の試作一号機が完成した。しかし、操縦性の不良や振動問題などがあり、艦上機としては不適と判断され、昭和十一年に九三式陸上攻撃機として採用されている。これも艦上試験が実施されたかは疑わしい。

　最初に双発機の艦上発着実験に成功したのは、なんとフランス海軍であった。昭和十一年九月二十二日に、ツーロン沖で空母ベアルンにたいし、双発輸送機改造のポテーズ56Eがみごとに発着に成功している。

　ベアルンは速力二一・五ノットの低速空母であるが、機体の方は最大速度二九〇キロ／時と九三式陸攻（二三五キロ／

時）より優速でも、着陸性能に優れていたのであろう。ついでアメリカ海軍が昭和十四年八月三十日に、空母レキシントンで輸送連絡機改造のロッキードXJO－3の発着艦に成功し、アメリカ海軍航空史は、これが双発機による最初の空母着艦としている。

アメリカ海軍はその後、昭和十六年に双発艦上戦闘機グラマンXF5F－1スカイロケットを試作したが、艦上機としては失敗であった。開戦後、昭和十七年四月にノースアメリカンB25Bが、ドーリットル空襲として空母ホーネットを発艦しているが、着艦はなく、これは十九年十一月にB25Hが空母シャングリラで成功している。双発艦戦としてはグラマンF7F－1が十九年十一月十五日に同じくシャングリラでの発着艦に成功し、制式化された最初の艦上機となった。

潜水艦ノーチラス
——ジュール・ヴェルヌが生みだした潜水艦の正体とは

ヴェルヌが描く海底旅行

潜水艦をあつかった文学作品といえば、真っ先に挙げねばならないのが、一九世紀のフランスの作家ジュール・ヴェルヌが書いた「海底二万リュウ」（Vingt Mille Lieues sous les Mers）であろう。

読者の中にも、少年時代にノーチラス号とネモ艦長の活躍を夢中になって読みふけった記憶のある方が、数多くおられるにちがいない。この小説は一八六九年、ヴェルヌが四〇歳の時の作品であるが、普仏戦争やパリの内乱のために発表は遅れ、刊行されたのは七二年になってからであった。たちまち大評判となり、ヴェルヌはいちやく名声を得て、フランス・アカデミー大賞まで受賞している。

ところで、この作品のノーチラス、正しくはフランス式にノテイリュースと表記すべきなのであろうが、英語読みのノーチラスになじみがあり、一般的と思われるので、以下これを使うことにする。ノーチラスといえば、永年の習慣でこの後に「号」をつけたくなるが、それは省略したい。

なお、厳密にいうならば、ノーチラスは正規の軍艦ではなく、潜水船（ネモ船長とした訳書もある）というべきかも知れないが、これも潜水艦で通させていただくことにする。

このノーチラスなる艦名も、ヴェルヌが考え出したものではない。蒸気船の発明で知られるアメリカ人ロバート・フルトンは一七九七年にフランスへ渡り、イギリスと戦争中のナポレオンに、自分の設計した水中ボートを売りこんだのが発端であった。はじめは相手にもされなかったが、イギリス海軍の沿岸封鎖に苦しんでいたナポレオンは、その打開策として考えたのか、すこしたってフルトンに一万フランの補助金をあたえて、その建造を承認した。フルトンは一八〇一年に潜水艇を試作し、これをノーチラスと命名したのである。

フルトンはこのノーチラスをもちいてセーヌ河で潜航実験をしたり、ブレストでは曳航水雷による標的撃沈のデモンストレーションまでやって見せたのだが、結局、フランス海軍の採用にはいたらなかった。ヴェルヌはこの史実を記憶していて、六十数年ぶりにその名を自作のなかに復活させ、ナポレオンにかわって世界の海で活躍させたのであろう。

近代潜水艦の父といわれるジョン・P・ホランドが発明した潜水艇を、アメリカ海軍が正式採用したのが一九〇〇年であるから、実用化される約三〇年前に、ヴェルヌは小説のなかで潜水艦の活動を世に知らしめたのであった。まさに夢の軍艦であったといえよう。

このヴェルヌの作品が日本で初めて紹介されたのは明治十七年（一八八四年）のことである。二月に井上勤の訳により『六万英里　海底紀行』と題して、博聞社から刊行されている。それから今日まで多数の訳書が出ているのだが、気になるのはその題名である。

『海底旅行』『海底紀行』などの旅行記類似の表題のほかに、原題の二万リュウにもとづいて旅程に重点をおいた邦題も数多く見受けられる。上記の六万英里以外のそれらを列挙してみる。

『海底二万里』『海底二万海里』『海底二万リーグ』『海底二万マイル』『海底十二万粁』

なかには、訳注としてリュウは日本の里にほぼ相当し、約四キロメートルだと解説しているものもある。しかし、メートル法の国と尺貫法の国の単位が同じということがあるだろうか。正確には、どのくらい差があるのか、以前からこれらの本を見るたびに気になっていたので、このさいくわしく知りたいと思い、友人のT氏に照会して、調査を依頼することにした。

おかげで筆者は、永年の疑問を氷解することができたが、読者のなかにも同様な疑念をいだかれた方もあろうかと思い、本題からいくぶん外れるかも知れないが、以下、せっかく得た知識のお裾分けをしたいと思う。

リュウ（lieue）の歴史は古く、ローマ帝国時代、フランス人の祖先が住んでいたガリア地域の言語から、ラテン語にはいったレウカ（leuca）を語源とする長さの単位である。

もともとは人、あるいは馬が一時間に歩ける距離を指したものらしいが、実際の長さはローマ帝国の地方・地域によりばらつきがあったようで、その当時の正確な長さを論じてもほとんど意味がない。

そこで、近現代のフランス語の用法にかぎっていうと、メートル法上のリュウは正確に四キロメートルを指す――と規定されている。日本の里とほぼ同じというのも、これにもとづいていよう。

陸上の一リュウは地球の経線、すなわち子午線の一度の二五分の一に相当する距離で、四・四四四八キロメートルとなる。この語から英語にはいったのがリーグ(league)で、一リーグは約三マイル、四・八二八〇三二キロメートルとされている。

海上の一リュウは同じく子午線一度の二〇分の一にあたる距離で、三リュウが五・五五六キロメートルに相当する。これは海里と同じようだが、この意味で使われることは、実際にはほとんどない由である。

さて、上記の三説のうち、原作のリュウはどの意味に使われているかについては、フランス語辞典としてもっとも権威があるとされるロベール(ROBERT)フランス語辞典(九巻)は、ほとんど使われていない第三説の海上のリュウによると解説しているという。これは、原題にある「海底」から、陸上の出来事でないことが明確だからと思われる。「海里」とした訳者は、この説にもとづいているようだ。

最後に、T氏自身の意見をつけくわえておくと、この二万リュウなる表題は、ノーチラスの航程をヴェルヌが正確に計測したものではないところから、距離の遠いことを強調する誇張表現の可能性があるという。

リュウの前に二〇、一〇〇、一〇〇〇などの数詞がおかれるのは、古来しばしばその例があるらしい。日本語でいうなら、『母を尋ねて三千里』とか『怒濤万里』の類であろうか。数万海里という表現の方が原題にちかいのかも知れない。

潜水艦「ノーチラス」とは

さて、このノーチラスはどんな潜水艦であったのか。

船体は紡錘型をしており、全長七〇メートル、最大幅八メートル、水中排水量一五〇〇・二トン、動力はナトリウム水銀電池で、電磁石と梃子・歯車の特殊装置をもちいた一軸推進により、水中最大速力は五〇ノットに達するという。

ロバート・フルトンが建造したノーチラスは、長さ六・五メートル、幅二・一メートルの人力推進である。

一八六三年に進水したフランス海軍の潜水艦ブロンジュールは、排水量四二〇トン、長さ四二・六メートル、幅六・一メートルとかなり大きく、先端に外装水雷桿をそなえていた。動力としてタンクに貯蔵した圧縮空気をもちい、八四馬力で速力九ノットの計画であった。

ヴェルヌがこの作品を書いたころの現実の潜水艦の水準は、その程度であった。それを排水量一五〇〇トン、長さ七〇メートルで、電気を動力として海中を五〇ノットで推進するノーチラスは、まさに巨大な夢の潜水艦であったにちがいない。

一八七二年にこの小説が初めて活字になった時、その挿絵を担当した画家がA・ド・ヌヴィルである。一九世紀フランスの画家で、とくに戦争画家として人気があったという。

そのエッチング式の挿絵を見ると、艦内の場面は天井が高く、とても潜水艦とは思えない。機関室も大きな歯車やパイプがならんでいて巨大な工場のようである。天井も低く、狭い区画で仕切られた後世の潜水艦の常識とはまったく合わない。

もっとも、ヴェルヌの描く艦内は、蔵書一万二〇〇〇冊の図書館や、名画や噴水、貝類の標本のそろった大サロンがあり、喫煙も自由という、どこかの宮殿か博物館を思わせる内容であるから、画家がそう判断しても無理はないと思われる。ヴェルヌ自身も、一五〇〇トンの潜水艦なら、艦内にかなり余裕があると考えていたのであろう。

当時、各国で開発中の潜水艦はいずれもかなり小さく、一〇〇トン以下のものも珍しくなかった。フランス海軍が潜水艦に武器としての将来性を認め、一八九六年に内外にそのプランを募集したことがあった。その時の要件が、排水量二〇〇トンで、水中速力八ノットで航続力一〇海里というのだから、それより二十数年前の一五〇〇トンは、かなり巨大なものと受けとられていたのであろう。

そのストーリーはあらためて説明するまでもない。

世界の海に出没する巨大な怪物を調査するため、博物学者アナロックス教授は助手のコンセーユや銛打ちのネッドとともにアメリカ海軍フリゲイトのエイブラハム・リンカーンに乗り、太平洋を探しに行く。

怪物との戦いがはじまり、その衝撃で海上に落ちた教授たちは、その怪物に救い上げられる。その正体が、ネモ艦長が指揮する高性能の潜水艦ノーチラスであることを知る。そして、教授たちはこの潜水艦に乗り、長途の海底旅行におもむくことになる。

以下は省略するが、『地底旅行』『八十日間世界一周』を書いたヴェルヌとしては、海底旅行も当然はたさねばならぬ冒険譚であったようだ。

時代でかわる挿絵の軍艦

冒頭で紹介したように、日本でも数多くの訳書が出され、さまざまなイラストが登場した。ヴェルヌは潜水艦の開発期に、空想力でおぎなってその姿を描いたが、その後、潜水艦が発達してくると、イラストの方も現実の潜水艦にもとづいて描かれるようになるのも、当然のなりゆきであった。

それで、新旧二つの時代の艦影を用意することにした。一つは原作が刊行された時

原子力潜水艦ノーチラス

のA・ド・ヌヴィルによるもの、もう一つは昭和十七年に講談社で刊行された海野十三訳『海底旅行』の挿絵を担当した樺島勝一が描いたのをもとにしている。

いずれもノーチラスとエイブラハム・リンカーンである。原作では帆走兼備のフリゲイトであったリンカーンは、日本版ではニュー・オリンズ級に似た米重巡に生まれかわっている。ノーチラスも、上構の大きい近代的な大型潜水艦に姿をあらためているが、原作のノーチラスが衝角攻撃をおこなうことを考慮してか、魚雷の発射管孔はちゃんとふさがれている。

二つのイラストの艦影の間には約七〇年の歳月が流れており、その間の軍艦の発達の跡を知ることができよう。

ノーチラスという艦名も著名なものとなり、

ヴェルヌ著『海底二万リュウ』の中のヌヴィルの挿絵を
もとに描いたノーチラスとエイブラハム・リンカーン

海野十三が訳した『海底旅行』で樺島勝一が描いた挿絵
をもとにしたノーチラスとエイブラハム・リンカーン

アメリカ海軍でも、潜水艦に二度にわたって採用され、世界最初の原子力潜水艦にえらばれたのも、ヴェルヌの名作があればこそといえよう。

海洋動物名の名前が潜水艦名にえらばれるのは珍しくないが、オウムガイという貝殻をもったタコの同類が、化石として知られたアンモナイト以来の長い歴史をもつにせよ、小説によって人々に深く銘記され、栄誉ある艦名に出世しようとは、ヴェルヌ自身も想像しなかったであろう。そこに海のロマンを愛する人々の心がうかがえるようだ。

ところで、その後フランス海軍にノテイリュースという潜水艦は生まれたのか。調べてみると、一九二六年（昭和元年）計画で一隻建造されている。小説の艦より小さく、一九二五年に建造が開始されたサフィール級（七六一／九二五トン、五五センチ魚雷発射管三、四〇センチ同二、機雷三二コ、速力一二／九ノット）という機雷敷設潜水艦の三番艦で、一九三七年に竣工している。同じ年度計画で、フランス海軍はシュルクーフという当時世界最大の潜水艦を建造し、排水量で比較するなら、その約四分の一にすぎない。

同級艦の名前を見ると、サフィール（サファイア）、テュルコアーズ（トルコ石）、リュビ（ルビー）、ディヤマン（ダイヤモンド）、ペルル（真珠）と、いずれも宝石名がつけられているのに、なぜ本艦だけが動物名なのか。

理由は不明だが、同じ一九二六年度にフランス海軍は潜水母艦一隻の新造を計画し、これにジュール・ヴェルヌ（四三四七トン、九センチ砲四門、速力一六ノット）と命名して、一九三二年に竣工させている。

ヴェルヌは文学史上、潜水艦生みの親であり、一九二八年が生誕一〇〇年にあたるので、それにちなんでの命名かも知れない。これから先は筆者の推測であるが、潜水母艦名をヴェルヌと決定した時、同年度計画の潜水艦も、それにあわせてノテイリュースと改名（おそらく最初は宝石名を予定）したのではなかろうか。そうとでも考えないと、この級の艦名は文字どおり玉石混淆となってしまうからである。

巨大潜水島とZボート

——少年たちが熱狂した奇想天外な水中兵器

最大速度は一〇七ノット

海外で潜水艦の活躍する小説で名をあげたのがジュール・ヴェルヌならば、日本でこれに相当するのが押川春浪である。

彼は明治三十三年（一九〇〇年）十一月に文武堂から『海島冒険奇譚　海底軍艦』を刊行している。これが当時の富国強兵の風潮にも乗って爆発的な売れ行きを示し、いちやく流行作家となった。

これを発端として、『武俠の日本』『新造軍艦』など、つぎつぎと続篇が出版され、明治四十年十二月に完結するまでに、六冊をかぞえる大長篇冒険小説となり、これを武俠六部作と称した。

第一作の『海底軍艦』のあらすじを紹介すると、次のようになる。

ヨーロッパ旅行をおえた旅行家が帰国の途中、船を海賊船に沈められ、同行の少年と二人で絶海の孤島に漂着した。そこには数年前に謎の失踪をとげた桜木海軍大佐ひきいる一団が、海底戦闘艇という新兵器を秘密裡に建造中であった。

やがて完成した海底戦闘艇は「電光艇」と命名され、インド洋で巡洋艦「日の出」と協力して、海賊船団を全滅させる――までが第一巻の展開で、このあと国際情勢の悪化を反映して、白人諸国と戦い、失踪した巡洋艦「畝傍」から空中軍艦まで登場する波瀾万丈のストーリーに発展する。

押川春浪がこの処女作を書き上げたときは、弱冠二十二歳の学生であった。明治二十三年に矢野龍溪が南進論をテーマとした『報知異聞　浮城物語』に刺激されたのが執筆の動機とされているが、当然ジュール・ヴェルヌの作品にも目を通していたことはまちがいない。

書くのに苦心惨憺し、三百余枚の初稿を上げるのに約三ヵ月をついやしたという。出版にさいし、肝付海軍中将の紹介で、海軍にかんする部分は上村少佐の校閲をうけることができたが、大半は書き直さねばならず、出版までにさらに二年の歳月が必要であった。

では、この海底戦闘艇はどんな軍艦だったのか、作品から拾いだしてみよう。

全長三九・八メートル、最大幅六・九メートル、船体は投げ槍の穂先に似て両端は鋭角をなしており、艇首よりに楕円形の観外塔がもうけられた。その上に信号檣があり、船体各部は銅板をふくむ六種の合成金属による新式装甲がほどこされていた。

兵装として、艦首先端には三尖形の鋭利な衝角があり、これを高速で旋回して敵艦の艦底を破壊するほかに、両舷に新式併列旋回水雷発射機を装備して、一分間に七八コの小型魚雷（長さ一メートル、直径七・六センチ）を発射できる。

主機は一二種の化学薬液をもちいた新種の強力な動力による二軸推進で、水中速力は常時五六ノット、最大速力は一〇七ノット。艦底にもうけた自動浮沈機による潜航深度は約一五メートルと浅いが、潜航中でも海水を分解して酸素を得ることが可能で、浮上換気せずに長時間の潜航がつづけられる――という、潜航深度以外は、まさに仰天軍艦とも称すべき存在なのである。

この電光艇と、先に紹介したヴェルヌのノーチラスとの性能を比較してみると、興味深い相違点がある。

電光艇の排水量は不明だが、全長ではノーチラスが七〇メートル、電光艇が約四〇メートル（原文は一三〇フィート六インチ）と、前者の方が大型である。しかし、速力ではノーチラスが五〇ノット、電光艇が一〇五ノットと後者が大きく、兵装では電光艇が高速回転する衝角器をそなえるとともに、小型の魚雷発射機を装備し、より強力になっている。

これは春浪がヴェルヌの作品を読んでおり、その間の技術的な進歩もあって、後者が前者より優れているのはあたり前ともいえようが、潜航深度だけはノーチラスの方がかくだんに優れ、深海の潜航も可能である。

電光艇の一五メートル（原文は五〇フィート、一五・二四メートル）に対し、ノーチラスは南大西洋で一万四〇〇〇メートルの深海にまで潜航しており、ヴェルヌはその さいの水圧まで計算して、その強靱な耐圧力を誇示している。

速力で見るように、いずれも作家の空想力の産物なのだから、電光艇の潜航深度はいくらでも増大できたのに、春浪はなぜそれをしなかったのか。

原文を見ると、当時の潜航艇は「海水の圧力のためと空気の欠乏のために海底六フィート以下に沈降するものは稀で、一時間以上の潜行をするものは皆無」とあり、五〇フィートでも、当時の水準からいえば、かなりの深さと作者が考えていたことがうかがえる。

それに最後の海戦場面をみると、電光艇は洋上を軍艦旗を掲げて高速力で戦場に到達するや、たちまち海中に没して、海賊船の船底に衝角攻撃をくわえて、これを撃沈している。つまり、潜航は攻撃時に実施して、敵の視界から姿を隠すと、高速で突進して吃水線下に衝撃させるていどの深さまで潜航できれば十分——と作者は考えていたのではないか。

潜望鏡もないかわりに、飛行機や爆雷も生まれてない時代であるから、上空からの発見や投下兵器は考慮する必要もなかったのであろう。

しかし、ノーチラスは戦闘はするが、めざすのは長期海中航海と海底探査であり、海底からさまざまな資源も得ている。戦闘を主目的とする電光艇とは、潜水艦でも性格がまったくことなっているのである。

そこに冒険小説を通じて、海底の世界に夢をえがき、博識をほこるヴェルヌと、国威発揚と武侠精神の振興をとなえる春浪との根本的な相違をみることができよう。それは、これを指揮するネモ艦長と桜木大佐の性格にも反映している。『海底軍艦』についても、当時の挿絵を示したいところであるが、文武堂版にはそれがないので、残念ながらご想像願うほかはない。

潜水艦黎明期の日本海軍

この小説が売りだされたころ、日本海軍の潜水艦研究はどのていど進んでいたか。

その前年の明治三十二年にアメリカに留学した井出大尉（のち、大将）は、当時アメリカ海軍がその採否について論争中であった潜水艇に興味をもち、研究をつづけていた。翌年、アメリカ海軍はホランド一〇型潜水艇を初めて正式採用した。

井出大尉は、たまたまエレクトリック・ボート社製のホランド型潜水艇に試乗する機会を得て、その実用価値を認めて日本海軍当局にその旨を報告し、以後もその情報を送りつづけた。

日本海軍も当初は関心をもたなかったが、明治三十四年夏に、海軍大学校に潜水艇にかんする選科をもうけて研究を開始し、その購入も企図して、井出少佐（当時）にエレクトリック・ボート社と交渉にあたらせた。しかし、価格条件がおり合わず、同年末に交渉はいったん中止された。

その後、三井物産を通じて同社と潜水艇五隻の購入契約を締結したのは、日露戦争開戦後の明治三十七年（一九〇四年）六月であった。

したがって、この『海底軍艦』が出版されたころ、日本海軍は潜水艦の研究すら着手してなく、読者も現実の潜水艦を知らずに作者の空想のおもむくままに、海底軍艦の縦横無尽の活躍を楽しむことができたのである。

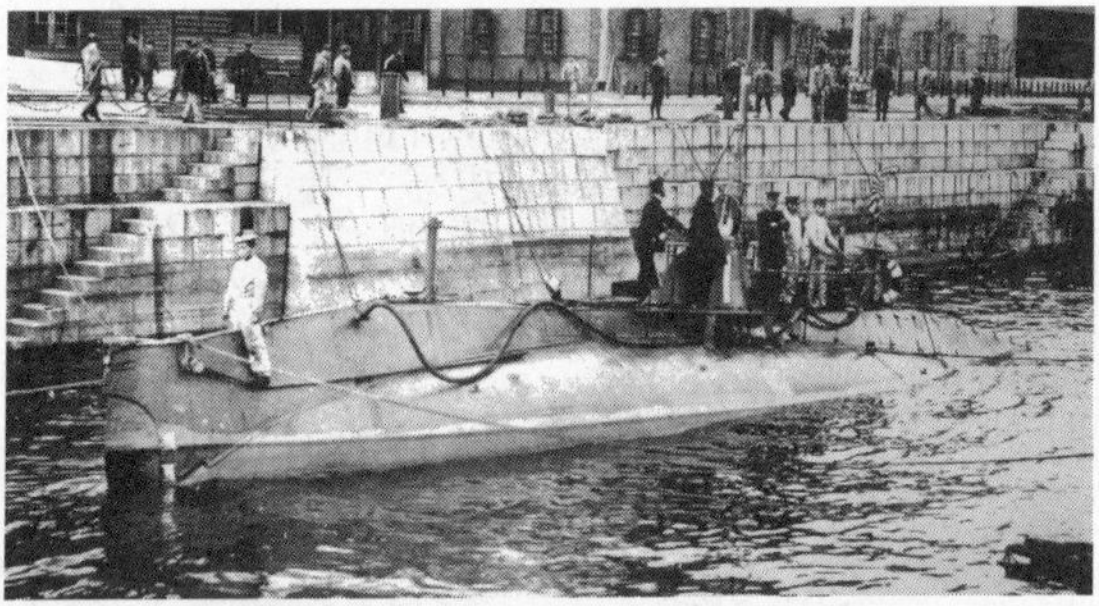

ホランド型第１潜水艇

　ここで文学の世界にもどり、『海底軍艦』のあと、現実に潜水艇が日本海軍に誕生した以降、どんな潜水艦小説が生まれたか――をたどってみることにしよう。

　明治、大正、昭和と時代の変遷とともに、日本の潜水艦陣も増強されたので、小説の上でも強力な潜水艦の活躍をえがいた名作が生まれそうなものだが、それがさっぱり見あたらないのである。たしかに、日米未来戦記などに潜水艦の出てくる小説はいくつもあるが、潜水艦そのものを中心とした作品はあまり生まれてないようだ。

　これは海軍が、潜水艦についても厳重な機密保護のヴェールでおおっており、就役した潜水艦の名称やひととおりの要目は公表しても、その活動状況は発表しなかった。現実に潜水艦が就役すれば、小説とはいえ、あまりかけ離れたものは書けないが、海軍で潜水艦がどのように使われているかがわからないと、書くのも難しい。

　また、日露戦争、第一次世界大戦をはじめ、満州事変、上海事変などで海軍が出動したさいも、潜水艦の活躍は伝えられず、これも小説として採りあげにくかったに違いない。むしろ、その間に洩れ伝えられたのは潜水艦事故のニュースである。

第一次大戦後、ドイツ海軍のUボートの活躍を紹介する読物がいくつか刊行され、一般読者は潜水艦の戦闘のもようを知ったが、日本潜水艦の活動は見られず、残されたのは、地中海に遠征した第二特務艦隊のUボートとの戦闘記録であった。

SF史をたどってみると、羽化仙史『新海底旅行』（明38）、阿武天風『潜航艇夢物語』（明42）、海底魔王『海底戦争未来記』（明43）、阿武天風『怪潜航艇』（大2）などの潜水艦をあつかったと見られる作品もいくつか出てくるが、その内容はほとんど伝えられていない。上記の事情もあって、春浪の『海底軍艦』ほどには読者にインパクトをあたえられず、評判にもならなかったものと思われる。

その中で、戦前、潜水艦が活躍する唯一の長篇小説は、雑誌『日ノ出』に連載した福永恭助『花咲く潜望鏡』（昭11～12）であった。

これは海軍にも取材し、第一次大戦で地中海遠征の体験をもつ作者ならではの作品であったが、内容的にも前大戦のUボート戦記の日本版で、新味はなかった。

以前、おなじ雑誌に連載した『翼の誓い』は、日本海軍航空隊や空母の活躍をえがいて評判となり、連載後にまとめて新潮社から刊行され、文庫本にもなったが、今回は読者の反応もそれほどではなかったようで、本にはならなかった。

巨大潜水島と小型快速艇

昭和期にはいって、児童読物にも潜水艦の出てくる作品がいくつかあらわれた。第二次大戦中、日本海軍は伊四〇〇潜のような超大型から、甲標的のような小型の艦にいたるまで、さまざまな潜水艦を建造した。それにならうわけではないが、それらの小説のなかから、超大型と小型の二種類の異色の潜水艦を採りあげて、イラストを紹介したいと思う。

大型の方は海野十三著『地球要塞』（昭15～16）に出てくるクロクロ島と称する一〇万トン潜水艦である。

時は一九七〇年といえば今では過去だが、連載時は三〇年後の未来であり、世界は汎米連邦（南北アメリカ）と欧弗同盟国（ヨーロッパとアフリカ）の二大国家群が対立し、第三次世界大戦が勃発しようという時代で、このクロクロ島はその動きを探るべく、日本から派遣されてブラジル沖に沈座して、ひそかに情報を収集している。

挿絵は伊藤幾久造の手になり、形状は潜水艦というより電気釜に近く、当時の東京

海野十三著『地球要塞』に登場する巨大潜水艦
クロクロ島。伊藤幾久造の挿絵をもとに描く

北村小松著『火』に登場するＺボート。飯塚羚児の挿絵をもとに描く

の子供たちの表現を借りるならば、淀橋のガスタンクに似ているという異様なスタイルである。内部は幾層にもわかれ、科学機器を満載して、長時間海中にあっても快適なシートピアが楽しめる仕組みである。

常住する乗員は設計者の黒馬博士と助手の女性アンドロイド・ロボットだけで、付近を航行する艦船をテレビカメラで監視し、船上の会話まで吸音器で盗聴可能である。ときどき浮上するが、哨戒艦隊が近づけば、海底に掘り下げた穴にぴったり収まってこれをやりすごす、カレイのような変身術もそなえている。

怪力線砲や磁力砲を装備しており、いざとなれば、攻撃機六〇機をいっきょに撃墜するのも可能である。機関は物質破壊の超エネルギーを動力としたサイクロ・エンジン、本国連絡用の魚雷型快速潜水艇も搭載している——という想定時代をこえた今日でも、類例のない巨艦である。

ストーリーは、その国際緊張時に、四次元生物の金星人がクロクロ島に侵入し、地球上の諸国をたがいに戦わせ、消耗したところで侵略しようとの陰謀を進めたため、日本は原子力をもちいて自ら海中に沈没し、コンクリートの防御壁に隠れて危機を脱する。まさに驚天動地で破天荒なSF作品なのである。

小型の方は、北村小松著『火』（昭16）に出てくるZ《ゼット》ボートと称する小型潜水艇。

大きさは不明だが、乗員は白人の艇長とマレー人の機関員など三名の計四名で、国籍はイギリスらしい。

南シナ海の西沙諸島付近にあるZポイントという秘密基地から、日本に侵入するスパイ数名を運ぶ工作員輸送潜水艇である。主機は海水を電気分解して得た酸素と水素を燃焼させて動力とする酸水素機関をもちいており、水中速力二〇ノット。針路は基地のラジオ・ビーコンでコントロールされ、日本とZポイント間を往来する。この西沙諸島（パラセル）水域は、最近中国が軍事拠点化を進めている南沙諸島（スプラトリー）水域に近く、注目される場所である。

酸水素機関は戦前、未来の潜水艦用単一機関として話題になったもので、爆発時の衝撃やシリンダーの高温対策が課題とされていた。このエネルギー源を海水から得られれば、燃料補給の心配もなく長期の航海が可能で、燃焼後の水は海にもどして航跡も残らず、まさに理想的であった。

潜望鏡はもたず、テレビカメラ式の装置で洋上の光景は画面に映しだされ、操舵室の前面はガラス張りになっていて、浅い海中を航行していたようだ。武装はないが、この最新設備をそなえた小型潜水艇を挿絵の飯塚羚児はスマートにまとめ上げていた。

海底戦艦・潜水空母

——潜水艦の無限の可能性を呈示する新艦種

芥川教官の潜水艦体験記

潜水艦を辞書で引いてみると「海中にもぐったまま航行できる軍艦」とある。言葉をかえるならば、潜航して航行可能な軍艦はすべて潜水艦である。

潜水艦にも、巨砲や機雷敷設装置を装備したり、輸送用、補給用など、さまざまなタイプがあるが、これが水上艦艇なら、モニター艦、敷設艦、運送艦、給油艦など、それぞれ独立した艦種にあつかわれるにちがいない。しかし、潜航して海中を航行できれば、これらはすべて潜水艦に包括され、そのなかで用途に応じて分類されることになる。

そこに潜水艦の多面性があり、技術革新や新兵器の登場、戦法の変化とともに、多種多様の潜水艦が建造されてきた。大きさをみても、数トンのミゼット・サブから数万トンの戦略潜水艦にいたるまで、いろいろなサイズのものが生まれている。同一艦種でこれだけ開きがあるのは、潜水艦以外には見あたらない。これも、潜航する艦艇すべてをひとまとめにしたからであろう。

これは、文学作品のうえでも同様であり、ヴァラエティに富んだ潜水艦が登場している。乱暴な言い方をすれば、海に潜りさえすれば潜水艦となるのだから、艦船知識がなくても小説に書くことは可能である。だから意外な作家の作品に、潜水艦の影を認めることもある。

芥川龍之介が自殺の直前に書いた『或阿呆の一生』で、潜望鏡を通して眺めた戦艦「金剛」からステーキ上のパセリを連想する場面がある。海軍機関学校教官時代に潜水艦に乗艦した体験が、印象強く記憶に残されていたのであろう。

また、太宰治が空襲下に書いた『お伽草紙』で、浦島太郎を乗せて龍宮へ向かう亀が、海中で「水深千尋」と潜水艦長気取りの報告をする一節がある。作者は、当時評判になった記録映画『轟沈』のような潜水艦映画でも見て、こんな場面を思いついたのかも知れない。

前章で、小説にあらわれた巨大潜水艦とミゼット・サブを紹介したが、ひきつづいて当時の作品に登場した、毛色のかわった潜水艦のいくつかを拾いあげてみよう。

市川恵敏『潜水艦日本号』（昭9〜10）の潜水艦は、時計の振子の運動と梃子の連動を置換装置で組み合わせた無限動力機を搭載し、ウォータージェット推進により水中一八〇ノットを出すという。だから、燃料タンクもなければ、スクリューも持たぬという画期的な発明である。

また、海水を電気分解して取りだした酸素は、別に発生させた窒素と混じて艦内空気に利用、水素は、炭酸ガスを分解して得た炭素と化合させてメタンガスを作って燃料にもちいる一方、酸素と化合させて水にも還元する。だから、海水のあるかぎり、空気や水、燃料にも不自由しないという結構づくめの話である。

だが、無限動力機はエネルギー保存の法則に触れるようだし、作者のもっともらしい説明も、街頭で香具師の口上を聞いているようで、筆者にはよく理解できない。こんな潜水艦のでてくる小説のあったことを記すにとどめたい。

前回のZボートの酸水素機関もそうだが、海水から酸素と水素を得るという発想は、戦前、ドイツのラバチェック博士が圧力式水電装置を発明したというニュースが流れたことがあり、これから生まれたものであろう。

また、同じくドイツ人のエレンが、酸水素化合時の高熱と爆発の衝撃を、水蒸気と窒素で緩和する酸水素機関を開発したとも伝えられ、この両者が結びついて潜水艦の新動力機関誕生の夢が開いたらしい。酸水素機関装置の潜水艦がでてくる小説は、他にもいくつかある。

南沢十七の『海底黒人』(昭19)では、戦時下、細菌ゲリラ戦の潜水艦が出現する。これに登場する細菌特別攻撃潜水艦は、全長約九メートル、最大幅二メートルの円筒型をした豆潜水艇で、前部に機関室や操縦室がある。上部に昇降口をかねた司令塔のような展望塔があり、唯一の乗員は前面のガラス窓を視界として艇を操縦する。後方は細菌室になっていて、ペスト菌、コレラ菌、チフス菌などの伝染病原菌をおびたショウジョウバエが充満しており、その上方は細菌撒布塔がもうけられている。親潜水艦に搭載されて目的地近海まで運ばれると、この潜水艇は発進して沿岸に達すると撒布塔を開いてハエを飛びたたせ、その後、艦底に仕掛けた時計式自爆装置が爆発して細菌戦の証拠を湮滅する、という仕組みである。

この乗員に黒人が使われたことが、小説の題名となっている。この細菌潜水艇五〇隻がタイ沿岸に派遣される一方、細菌爆弾を積んだ爆撃隊も襲来し、敵の細菌ゲリラ戦を日本の防疫部隊が、いかに防いだかがテーマの作品である。

大戦中でも細菌戦をあつかった小説は珍しいが、アメリカでも、日本の風船爆弾が発見された時、細菌戦の危険を考慮したというから、このような恐怖はおたがいに、ある程度は予想していたのであろう。

海底物が売りの南洋一郎

潜水艦のかわった兵器といえば、山中峯太郎『太陽の凱歌』（昭10）では、毒ガスを放射する潜水艦がでてくる。世界大魔術団に扮して帝都東京に潜入した外国スパイ団は、殺人光線放射機、マグネシューム噴炎機など、さまざまな科学機材を駆使して日野科学研究所を襲い、日本の国防機密書類を盗んで、東京湾から潜水艦で脱出した。

この潜水艦がZボートのような豆潜ではなく、排水量一二六〇トン、水中速力二四ノットをだす大型潜水艦なのが面白い。平時とはいえ、こんな潜水艦が東京湾の奥までノコノコはいりこめるとは思えないが、「少年倶楽部」に載った少年小説なので大目に見ることにして、大勢の団員を一度に収容するには、これくらいの潜水艦が必要と判断したのであろう。

この艦、ビートルズの唄にあるようなイエロー・サブマリン（山中峯太郎の少年小説では黄色い鳥打帽、黄色い外套など、黄色はスパイの専用カラーである）で、いわゆる火器の類は装備していないが、潜航中を日本海軍の水上雷撃機三機に追跡され、脱出不可能とさとると、奥の手の毒ガスを使って反撃にでる。

このギッペル毒ガスは無色無臭、空気より二倍半も軽く、海中より放射して上空二〇〇メートルを飛ぶ飛行機の乗員を殺すという強力なものである。小説では、放射の直前に、艦内に潜りこんでいた日本の諜報員が艦内に毒ガスを撒布して乗員をたおして潜水艦を捕獲、日本側の勝利で終わるのだが、海中から放射して、空中に拡散しても、上空二〇〇メートルまで致死量をたもつ毒ガスなど、有りうるのだろうか。

見えない飛行機をはじめ、こうした常識を突きぬけた奇想天外な兵器がでてくるところが、山中少年文学の魅力ともいえるのだが。

これ以外にも怪力線砲装備の潜水艦もあるが、これについては怪力線の説明のさいに、あらためて紹介することにしたい。

本章で、イラストとともに採りあげるのは南洋一郎著『海底戦艦』(昭19)である。作者の南については、すでに潜水飛行艇のときに『謎の空中戦艦』で触れているが、昭和十年に西村式豆潜水艇(海底珊瑚採集用に民間の研究家西村一松氏が考案建造したもので、海軍では潜水作業船と呼称)に試乗したのが縁となり『魔海の宝』(昭11)、『不思議な光線』(昭12)、『潜水艦銀龍号』(昭13〜14)、「大鬼賊」(昭14)、『謎の空中戦艦』(昭15)、『海底機械化兵団』(昭16)など、潜水艦のでてくる冒険小説をいくつも書いてきた。

これらはヴェルヌの作品のようなスーパー潜水艦に主人公が乗りこんで世界の海をめぐり、海賊やスパイと戦って、最後に秘宝を発見する——といったようなストーリーが多く、海賊の潜水艦と戦闘はしても、外国海軍の艦隊と交戦することはなかった。しかし開戦となると、この作者も海軍に協力して、いくつかの戦争小説を書くようになった。昭和十七年に興亜日本社から『無敵艦隊』『闘う少年飛行兵』の二冊をだしたが、前者は艦隊勤務の水兵、後者は海軍航空隊の少年兵をあつかった作品が中心となっていた。

これらは創作ではあったが、実際の戦記や教育訓練を題材としており、当時破竹の勢いで進撃をつづける日本軍がその背景にあった。しかし、昭和十九年三月に同じ出版社から上梓された『海底戦艦』は潜水艦の戦闘を描いたものであったが、実際の戦記とは無縁の架空戦記であった。

おそらく山岡荘八の『海底戦記』（昭17）などに触発され、今度は潜水艦戦記を手掛けようとしたが、緒戦期に伝えられた特殊潜航艇の戦艦アリゾナ撃沈（誤報）や空母レキシントン撃沈（サラトガ大破の誤りだが、撃沈記は当時小学校の教科書にも載った）のようなめざましい戦果がその後はなく、書きあぐねていたのであろう。

南洋一郎著『海底戦艦』に登場する戦艦型潜
水艦。樺島勝一の挿絵をもとに描いたもの

それで方針を変え、大型潜水艦が活躍する近未来の夢の戦記を書くことで青少年の士気を鼓舞しようとしたのではないか、と思われる。表紙、口絵、挿絵に、艦艇や航空機の画家として定評のある樺島勝一を起用したのも、そうした意気込みのあらわれであろう。

前記の二作とあわせて、これを三部作としたが、この構想の変更は、海軍報道部長であった平出大佐の啓示によるものであった。兵器科学の進歩が、やがてこのようなすばらしい戦艦や潜水空母、各種科学兵器を生むであろうと考え空想したのが本作であり、読者の愛国心の昂揚と国防科学の研究努力を念願する――と、作者は序文で述べている。

オットセイ狩りに出猟した少年漁師が米潜水艦に襲われて父と漁船を失い、漂流のすえ、日本潜水艦に救われる。これが、海底戦艦と呼ばれる巨大な潜水戦艦であった。本艦は排水量一万トン弱、兵装として二〇センチ砲八門をはじめ、速射砲、対魚雷砲（軽機関砲二一門をたばねた対魚雷近接防御火器）、魚雷発射管（無航跡魚雷装備）多数を装備した重兵装艦で、カタパルトと水偵三機のほか、二人乗りの豆潜水艇も搭載している。主機は上述の酸水素機関で、水上速力三五ノット、水中二〇ノット。

この潜水戦艦は一号から三号まで三隻あり、このほかに潜水航空母艦や潜水貨物船も登場する。いずれも酸水素機関をそなえ、高速力で長期間の行動が可能である。

太平洋上の秘密基地、科学島（怪力線や太陽熱や潮力利用の動力装置、赤外線暗視装置など最新科学機器多数装備、工廠施設もある）を母港として、艦隊を組まず、単独行動をしている。とくに海底戦艦の攻撃力は強大で、米海軍から「海の魔王」と恐れられることになっている。

向かうに敵なく、時には豆潜を使って敵港内深く侵入し、戦艦、空母、潜水艦などをつぎつぎと撃沈して大活躍、最後は海底戦艦三隻、潜水空母二隻が水上部隊、航空部隊と協力して米本土上陸戦を決行するという、実際の戦況とはかけ離れた景気のよい話で、まさに夢の戦記である。

樺島勝一描く海底戦艦は、戦前建造の大型巡潜、イギリスのX1（二四二五／三六〇〇トン、一三・三センチ連装砲二基、五三センチ魚雷発射管六門、速力一九・五／八ノット、一九二五年竣工）や、フランスのシュルクーフ（三二五〇／四三〇四トン、二〇センチ砲連装一基、五五センチ魚雷発射管八門、水上機一機、速力一八／八・五ノット、一九三四年竣工）を参考にしたと思われるが、堂々とした艦容になっている。

大戦中、日本海軍は伊四〇〇潜のような世界最大の潜水艦を建造したが、小説のうえでも、イギリスのヘクター・C・バイウォーターが大正十四年に書いた日米未来戦

上からＸ１、シュルクーフ、伊４００潜

記『太平洋戦争』（The Great Pacific War）のなかで、排水量七〇〇〇トン、二〇センチ砲二門装備、速力二四ノット、航続力二万四〇〇〇海里の日本大型潜水艦を登場させている。日本人は大型強武装の潜水艦を好むらしいと、当時から海外では思われていたのだろうか。

さらに巨大な潜水空母！

潜水航空母艦も別図のようで、頂部がおおわれて円筒状になっているが、浮上して発艦するさいは、これが左右両舷に開いて舷側へ隠れて飛行甲板が出現する仕組みである。潜水するときは両側から閉じて、甲板上の航空関係設備を水圧から保護している。

全長は海底戦艦の二倍以上というから、かなり大型である。排水量や搭載機などの要目はいっさい不明である。

潜水空母のでてくる小説はほかにもあるが、イラストは飛行甲板に潜水艦の司令塔を載せたような粗末なデザインのものもあり、筆者の知る範囲でそれらしい艦容をそなえたイラストはこれだけで、樺島画伯の画才のほどがうかがえよう。

ただ、潜水空母という発想は以前からあったようで、筆者が子供のころに見た防空

『海底戦艦』の潜水空母。樺島勝一の挿絵をもとに描く

漫画映画『敵機来らば』（昭17）にそのような艦が出ていたし、戦時中、帝国発明協会主催でおこなわれた「少国民発明工夫展」の入選作の目録に潜水空母とあった。期待してデパートの会場まで行ったところ、木製の潜水艦の模型があるだけで、これがどう空母に変わるのか説明もなく、かなり失望した思い出がある。

伊四〇〇型も、潜水空母と呼ばれているが、着艦もできず、機数から見ても、本当の空母とはいい難い。

小説に登場した実在軍艦

——中国の軽巡洋艦「寧海」とソ連戦艦フルンゼ

やはり戦没した「信濃」

大正から昭和期にかけて、さかんに書かれた日米未来戦記では、双方の海軍艦艇が実名で使用されることが多いが、味方の軍艦が沈められた場合に、実在の艦名をもちいるのは具合が悪いので、しばしば架空の艦名が使われた。

これまで何度か引用した平田晋策『昭和遊撃隊』（雑誌連載時）で、戦艦「金剛」「伊勢」「扶桑」とともに「信濃」という戦艦が出てくる。この戦艦は間もなく敵潜水艦の雷撃を受けて沈んでしまうのだが、当時、日本海軍には「信濃」という軍艦は存在しなかった——というのが、その一例である。

しかし、太平洋戦争中、戦艦として着工された実際の「信濃」は、建造中に空母に変更され、竣工後、すぐに潜水艦に撃沈されている。「信濃」という艦名は、やはり潜水艦に沈められる運命にあったのだろうか。

同じ小説でも、相手国たるA国の一万トン重巡「シカゴ」は、ミッドウェー沖の海戦で「最上」の砲撃を受けて撃沈されている。当時、米海軍に重巡シカゴは実在していたが、外国艦艇には、そうした配慮はなされなかった。同時に、A国という仮名をもちいても、実際はどこの国を指しているか、読者には艦名からわかる仕組みになっていたのである。

しかし、のちにこれが問題となり、この作品が単行本となった時、敵味方ともほとんどの艦名を架空のものにあらためたように、未来戦記でも相手方の艦名も架空のものとしたり、すべて伏字とするようになってきた。

だから、日本と戦う相手国名も〇国、×国、あるいは架空の国名をもちいていても、この種の読み物では、読者もこれはアメリカと承知して読むようになっていた。以前、空母レキシントンとサラトガが東京空襲というクライマックスの最大の敵役だったという紹介をしたが、この二隻も当然、この対象となった。

作品のうえでは架空の艦名であっても、挿絵を見ると、この級であることはザラで、空母ラサガトという奇妙な艦名も登場した。ある小説では、敵の艦名を××……とすべて伏字にしたが、空母のあとの伏字が四字ならばサラトガ、六字ならばレキシントンと判断する程度の推理力は、読者もそなえるようになった。

おおくは雑誌の一回読み切りで、思想的な問題はなかったから、表面上隠れていれば、検閲する側も、それ以上はやかましくは追求しなかった。架空名称の使用について「外国を刺戟しないように、という当局の意を忖度した」と著書で注記した作家もあった。

本章でとりあげる作品に出てくる軍艦は、いずれも外国の架空のものだが、日本と戦うわけではない。それぞれ実在のモデルはあるが、レキシントンのような著名な軍艦ではなく、米英海軍とも無関係である。これまで紹介したようなスーパー軍艦どころか、マイナーな存在といってよいだろう。

読者のなかには、そんな艦名は初めて聞くという方もあるかも知れない。日本の作家が、そんな外国の軍艦を探しだし、どのような夢を託して小説にまとめあげたのか、モデルとなった軍艦との関係を解き明かしながら、ストーリーを追い、最後にモデルとされた軍艦の、実際の生涯はどのようであったかをたどり、同艦に描かれた近代化改装という別の夢にも触れることにしたい。

軽巡サザン・クロス竣工

最初に採りあげるのは、平田晋策が昭和十年に雑誌「新少年」に連載した『南海の軽騎兵』である。

この小説で主役となる軍艦は、ギニヤス国の軽巡洋艦サザン・クロスで、日本の播磨造船所で建造され、排水量三〇〇〇トン、一五センチ連装砲四基と小高角砲二門を装備、カタパルト一基と水偵機を搭載している。主機はタービンと思われ、速力は三〇ノット。

ギニヤス国は架空の国名だが、南洋の独立した島国とされ、赤道直下とあるから、インドネシアあたりを想定しているのかとも思える。後でゴリラの大群がでてきたりするので、アフリカらしくもあるし、まったく架空の存在と考えてよいだろう。

ここの国民は北方系と南方系があって対立し、内戦状態となっている。北方系が依存するのは日本、南方系の背後にはゴロスという白人大国があり、それぞれ艦隊を派遣して戦闘を支援している。

新造のサザン・クロスは帰国にさいし、ギニヤス海軍に教官として赴任する伊達海軍少佐と甥姪の伊達兄妹が乗艦しており、紀淡海峡で日本の重巡「那智」と出会い、礼砲をかわすシーンが印象的である。主人公の伊達麟太郎は赤穂中学二年生、名前は実在の大陸浪人伊達麟之介と似ているが、まったく無関係。

　ギニヤス海軍は新鋭の本艦を旗艦とするが、他は旧式艦がおおく、伊達少佐はこれをひきいてヤルート島沖でゴロス偵察艦隊と戦うも、衆寡敵せず、伊達少佐は戦死する。

　代わってギニヤス北方系総司令官となるのが伊達少年で、ヤルート島に派遣されていた日本艦隊の協力を得て、空母「龍驤」から攻撃隊を発進させ、敵艦隊に大打撃をあたえる。伊達少年は現地軍をひきいて敵の黒雲山総攻撃を実施、サザン・クロスは河用砲艦をひきいて陸上砲撃を敢行した。

　最後はヤルート島沖でゴロス無敵艦隊を全滅させ、叛軍も降伏、ギニヤス国統一の英雄となった伊達兄妹は、叔父の遺骨とともに、サザン・クロスに乗って故国へと向かうのであった。

　以上が小説の粗筋であるが、いわゆる日米未来戦記と直接の関係はなく、サザン・クロスもスーパー軍艦ではない。中学生が小国とはいえ戦闘の総指揮をとるのだから、これは少年向けの冒険小説であり、当時の国際情勢とも関係ない、すべて仮想の物語である。

　作者の平田晋策は兵庫県赤穂町の出身で、播磨造船所は故郷に近い。主人公が赤穂中学生というのも、前年に書いた『昭和遊撃隊』の「旗風」艦長橘少佐が赤穂出身というのと同じで、いずれも郷土愛がうかがえる。

翌年、衆議院議員選挙に立候補するために、選挙区の兵庫へ戻り、交通事故で亡くなったのも赤穂に近い高取峠であったというから、郷里との縁は深かったのであろう。

さて、サザン・クロスのモデルは、やはり播磨造船所で昭和七年に建造された中国海軍の軽巡「寧海《ニンハイ》」であろう。中国政府は、民国十七年（昭和三年）に艦艇の新造計画を承認し、その中核となった巡洋艦三隻の第一艦が本艦であった。

大型艦の新造を外注に頼ってきた中国が、日本に発注するのに不思議はないが、艦艇建造の実績をもたない播磨造船所が引き受けたのは何故か。

日本海軍艦艇を建造中の造船所が中国海軍の発注を受けると、その関係者が出入りするようになるので、これを嫌った海軍が、播磨造船所を斡旋したといわれ、その設計は海軍艦政本部指導のもとにおこなわれた。

「寧海」は常備排水量二五二六トン、一四センチ連装砲三基、七・六センチ高角砲六門、五三センチ魚雷発射管二基を装備、主機は石炭焚きのレシプロ三基で、速力は二二ノットであった。カタパルトは持たぬが、水偵一～二機の搭載が可能である。村上松次魚雷兵装は持たないが、大きさ、兵装ともにサザン・クロスに似ている。

寧海

郎描くサザン・クロスの艦容は、艦橋構造物、煙突、後檣とも「寧海」によく似ており、前部主砲の配置などは、ほぼ同大の「夕張」にも類似しているようである。

作者は構想一ヵ月、連載第一回分を書き上げるのに三週間を要したと苦労のほどを語っているが、故郷で建造された外国軍艦を、小説のうえでいかに動かすかに苦心したものと思われる。少年向けの小説であっても、中学生に指揮をとらせるのだから、あまり大型艦では具合が悪く、小国の小型巡洋艦が適当と考えたのかも知れない。

中国軍艦関連の少年物といえば、山中峯太郎の『熱血の十六少年』（昭4）がある。大正二年、中国革命の内戦時に革命軍に参加した筆者が、少年たちとともに九江に碇泊する砲艦「楚建」と「楚有」を奪取する話である。

作者の体験にもとづくと説明されていたが、戦後、『実録亜細亜の曙』（昭37）での回想によれば、実際は艦長を買収しようとして失敗した由で、艦名も「楚謙《チユチエン》」「楚有《チユユウ》」（七四

平田晋策著『南海の軽騎兵』の一場面。サザン・クロスが重巡「那智」と礼砲をかわす。村上松次郎の挿絵をもとに描く

○トン、一二センチ砲二門、速力一一ノット、明治三十六、三十七年神戸川崎製）が正しい。当時果たせなかった夢を、小説のなかで実現させたものといえよう。

ボロ戦艦クレイカの正体

小栗虫太郎『暗黒星』（昭16）については、解説する前に関係する軍艦の予備知識を必要とするので、すこし触れておきたい。

一九一二年竣工の帝政ドイツ海軍巡洋戦艦ゲーベン（常備二万二九七九トン、二八センチ砲一〇門、速力二五・五ノット）は、地中海に派遣されて海外警備についていたが、一九一四年八月の第一次大戦勃発により、英艦隊の包囲追跡を脱して中立国トルコへ逃げこんだ。出港か武装解除をせまられた本艦はトルコへの売却が告示され、乗員はドイツ軍人のまま同海軍最大の主力艦ヤヴズ・スルタン・セリムとして、トルコ艦隊の中核となる。

一九一八年、正式にトルコに引き渡され、その後の一九五四年に除籍されるまで、唯一の主力艦として君臨しつづけ、もっとも長命な戦艦といわれた。本艦の来歴を記憶にとどめてから、以下に内容の紹介にうつるとしよう。

黒海沿岸のソ連（現ウクライナ）都市オデッサへ、異郷の土となった父の遺骨を引

ヤヴズ・スルタン・セリム

き取りにおもむいた日本女性勢以子は、スエズまできたがソ連の入国許可が下りず、思い悩んでいた。
そこで紹介されたのが地元の実業家で回教圏の勢力者、怪傑アル・マンスールである。事情を聞いたマンスールは、彼女を秘書に仕立てて同伴し、海員経験のある回教徒二百余名をひきいてルーマニア国境を通過、オデッサへ乗りこんだ。
彼は廃艦となったソ連の戦艦クレイカをスクラップとして買い取っており、それを引き取る名目があった。解体費が高いのを理由に、本艦を黒海から地中海へ移動させようとするが、ボロ船のダーダネルス海峡通過を危惧したトルコ政府は許可しなかった。
このあたりのエピソードは、同様に黒海から回航しようとしてもめた中国購入の未成空母ワリヤーグのケースとよく似ている。マンスールは部下に浚渫船を襲わせて奪取し、その排泥軌道架を利用してルーマニア側からひそかに大量の荷物を運びいれる。

クレイカを黒海洋上まで動かすと、荷物の梱包を解き、本艦の擬装工作をはじめた。かくしてオンボロ戦艦クレイカはトルコ戦艦ヤヴズに変身し、一行はトルコ海軍将兵に変装して堂々とダーダネルス海峡を突破する。

艦は地中海を南下してポートサイド沖に達すると、満艦飾をほどこし、礼砲を放ってスエズ運河警備のイギリス軍艦を親善訪問し、その警戒を解く。しかし、スエズ運河に乗りいれた本艦は、突如、沈みはじめる。

怒った水先案内人に射たれて瀕死の重傷をおったマンスールは乗員の退去を命じ、勢以子に真相を語った。

彼の正体はドイツ軍艦ゲーベンの副長であった。前大戦中、スエズ遠征軍に参加し、悪戦苦闘の末、砂漠を放浪して九死に一生を得、実業家として再生したが、スエズへの恨みは忘れず、艦を運河に沈めて念願をはたしたのであった。それは英艦隊に追いつめられたゲーベンの復讐でもあったろう。彼は「これはわが愛するゲーベン」と昔の乗艦を称える詩句を口ずさみながら、艦とともに沈んでいった。

大変こみいったストーリーで、作者独特のエキゾティズムとペダントリーにいろどられた異色の作品である。

ところで、廃艦クレイカのモデルは何か。小説では、一八〇八年計画のド級艦の一

ポルタワ

隻で二万三〇〇〇トン、一二インチ砲八門装備とあり、ゲーベンを模倣した設計とあるが、これはのちの擬装への伏線であろう。これに該当するのは、同じ年度に計画の帝政ロシア海軍の戦艦ガングート級（常備二万三三六〇トン、三〇センチ砲一二門、速力二三ノット、一九一四年竣工）四隻の一艦ポルタワ以外にはない。

他の三隻は、のちに改名されてマラート級として第二次大戦にも参加したが、本艦は一九一八年十一月に火災を生じてネヴァ河に大破擱坐し、一九二五年に兵装を撤去し、フルンゼと改名した。その後、僚艦のように近代化改装もほどこされず、現役に復することもなかったが、解体されたのは戦後の一九五六年頃であったという。

本艦とヤヴズ、排水量などはほぼ同大だが、主砲は口径、砲塔、装備数ともにことなり、擬装するのは困難であろう。しかし、前部の単檣、二本煙突の配置などは似ているところもあり、作者は両艦の初期の側面写真を見て、本篇の着想を

ポルタワの近代化改装案Ｂの完成予想図

得たのかも知れない。

発表時に軍艦の挿絵はなかったが、フルンゼについては一九三三年頃、近代化改装案が作られたので、それを紹介したい。

四基の三連装砲塔のうち、第三砲塔を撤去、カタパルトと水偵格納庫を装備し、主機、主缶とも換装する。改装後の計画要目は排水量二万六〇〇〇~二万七〇〇〇トン、三〇・五センチ砲三連装三基、一三センチ砲一六門、一〇センチ連装高角砲六基、カタパルト一基、水偵三機、主機タービン四基、主缶四基、出力八万八〇〇〇馬力、速力二五~二七ノット。

未来戦記の戦闘シーン
――昭和初期に描かれた日米機動部隊激突の場面

『海戦未来の夢』は潜水艦

明治三十年（一八九七年）九月に博文館から出た『蓋世偉勲　海戦未来の夢』という本がある。一八九一年に米国海軍学会のW・レーヤード・クロウスが著述したもので、原題を『マリーローズ号艦長』と称する英仏未来戦記である。邦訳にさいし、訳者柳井絅斎《けいさい》が題名を上述のようにあらためたもので、海軍の術語などについて肝付《きもつき》海軍大佐の校閲をうけている。

本書は雑誌「文芸倶楽部」の増刊で、付録として米ハミルトン海軍大尉作（岡田竹澳訳）『日米開戦未来記』も収められており、当時の代表的な文芸雑誌がこうした未来戦記を特集したところが興味深い。

なぜ「海戦未来の夢」と邦題をつけたかについては、「海事思想に乏しき邦人にありては、之によりて海戦の概念、軍艦の構造組織、各種砲銃の効力、水雷艇、探照灯の用途、当直士官の任務等を知悉」するばかりか、「書中の海戦は皆海軍最近戦法を実試したるものにして、もっとも壮快の致を極む」としており、単なる未来戦記ではなく、そうした最新の海軍海戦知識を得られる点が「未来の夢」なのであろう。

その背景には、明治二十七年の黄海海戦で清国艦隊を大敗させ、翌年その北洋艦隊を降伏させた戦勝の喜びいまだ醒めやらぬ雰囲気がうかがえるようである。

この本の巻末には、各国海軍兵力の比較や帝国艦艇一覧表、海軍用語の解説などが収められている。そのなかに「海中水雷艇」すなわち潜水艦の説明文がある。

この年、フランスではロープーフ型の第一艇ナルヴァル（一一六トン）が建造されたが、アメリカではホランドが海軍の注文を受けて潜水艇を試作中——という時代である。

日本人は誰もこの海中水雷艇を見たことがなく、押川春浪の『海底軍艦』が出版される二年以上も前であるから、まさに夢の兵器といえよう。この解説も諸外国の情報をもとにした海軍からの情報であり、興味深いので、以下に全文を紹介したい（漢字仮名遣いなど一部修整）。

「海軍の戦法はますます進み、機械も日々精巧に赴くことになるが、とりわけ海中水雷艇の発明こそ驚くべきものなれ。こは完全に至らず、従って一度も実戦に試みられしことなけれど、仏国米国等にては種々工夫を凝らして試験中なり。これは字のごとく海中に潜むべきものにして、その水面を航するにも唯背部をのみ現わして一見鯨のごときものあり。敵来れば直ちに水中に潜み入り、出没浮沈自在にして不意に敵艦に近づき、もって水雷を発射し、艦艇を破壊して轟沈せしむるものなり。普通の艦船にありては舵を左右にして船を操縦することとなるが、海中水雷艇にありてはその横舵を上下して浮沈出没するなり。艇員の呼吸に要する空気は予め圧縮して気蓄器に貯え、レギュレータアの手段によりその度を適宜にするをもって、いささかも差支えを感ぜず。この艇の未だ完全せざる点はただ海中を照すべき手段の欠けたるに在り。海中には種々の不潔物ありてその水透徹ならず、而して電燈は到底百ヤード以外を照らす能《あた》わざれば之にしては実用に供し難し。もしこの点に於て完備せば海中水雷艇こそは海軍無二の攻撃の具というべきなれ」

深海潜水艇のように海中を照明しながら航走して、魚雷攻撃をかけることを考えていたようである。

大はやりの日米未来戦記

明治二十年代以来、外圧の高まりにつれ、日露、日米とさまざまな未来戦記が発表されている。それは、時には戦争の危機を訴え、あるいは士気の昂揚をはかり、軍備の増強を叫ぶ一方で、SFあるいはポリティカル・フィクション的なものから、まったくの娯楽読物と思えるものなど、その内容は種々雑多といってよい。

海戦についても、時の流れとともに、兵器や造艦技術の進歩、戦闘様式、作戦の変化から、軍縮条約の制限なども影響し、これに作者の想像力もくわわって、ヴァラエティに富んだ戦闘場面が、これら未来戦記のなかで描かれてきた。そのいくつかを以下に紹介することにしよう。

「この日天晴れ、碧々たる蒼穹には太陽燦として輝いていた。前日来の風浪も稍々収まって、天には一点の雲影もない。見渡せば、戦闘旗と大将旗を翻えした旗艦陸奥は、主力戦艦の先頭に立ち、その両翼に水雷戦隊や巡洋戦艦を従えつつ、威風堂々と敵陣目がけて進んで行く。時に両艦隊の針路は正しく東西の線上にあり、互に反対の針路をとりつつ、十八節の速力を以て接近しつつあった。

午後二時三十分彼我主力の距離三万米に近づくや、陸奥とメリーランドはほとんど同時に発砲し、他の諸艦も之に倣《なら》った。日本艦隊のその優速を利用して敵列に丁字を画かんとした。もし之に成功するならば、米軍の先頭部隊はたちまちに全滅の悲運に遭遇することは明かである。そこで米軍側では、敵の企図を覆さんとして右方に二点変針した。かくて両隊は互に不規則な円の一部を画きつつ、各々二つ乃至三つの敵艦に砲火を集中した。

最近における射撃術の進歩と、装甲対砲弾の対抗に於て、後者が遂に勝利を占めた結果は、艦隊戦闘における軍艦の被害を、以前に見るより著しく顕著ならしめ、軍艦は烈しく戦う時は多くの場合において沈没を免れざる運命となった。こういう理由から、砲戦未だ二十分ならざるに、日米両軍とも既に相当の損害を蒙り、陸奥とメリーランドは戦列を脱し、日向とカリフォルニヤは砲塔の大部を破壊され、気息奄々の有様であった」（石丸藤太『小説　太平洋戦争』昭7）

「此の時、左舷艦首二点約三千米に紫青の電光数条闇を貫いて、閃々としてわが駆逐隊の方向を照し、幾度か右に左に我を横切ったが、間もなくぢっと我を押えた。そして砲火を送り始めた。皆近弾である。わが駆逐隊より数百米手前に水柱を上げている。恐らく敵の軽巡洋艦であろう。

『面舵！』

我がこれを避けるために針路をや丶右に取った。

（上）戦艦「陸奥」。（下）戦艦メリーランド

（上）戦艦「日向」。（下）戦艦カリフォルニア

『戻せ！　宜候《ヨウソロ》』

二点ばかり右に転じた。敵の探照灯と砲弾とは執拗に追って来た。

『司令！　敵の主力が見えます』

乗組の内藤中尉が叫んだ。

見れば正に艦首、はるか彼方の探照灯の光芒を遮って、敵戦艦の影が薄い影画のごとく浮かんでいる。距離はおそらく四千米とないだろう。

『しめた！』

猛進！　また猛進！

刹那！　敵の主力艦は軽巡洋艦に照されるわが駆逐隊に対して猛烈なる防御砲火を送り始めた。これ又光弾をもって射撃している。煌々、閃々また轟々！

わが各艦は飛弾を潜り、探照を犯し、陣形整然としてたゞ真一文字に敵に肉薄した」（中島武『日本危し！太平洋大海戦』昭7）

「西風が一と際強くなってきた。海面は次第に浪立ってきた。

砲声はますます激しさを加えていった。墨汁を吹いたように、砲煙が海面を這って動き出した。

重油はプス〳〵と燃えひろがってゆく。砲弾も炸裂する。爆弾も毒瓦斯弾も、恐し

い爆音をあげて、休みなく相手の上に落ちた。的を外れて落ちた爆弾が空中高く水柱を奔騰させた。（中略）

煙幕の切れ目切れ目に双方の艦隊は、集中して置いた主砲をどどーっと、ぶっ放した。烈風と激浪に、砲弾の命中率はズン〳〵下っていった。それでも砲弾はドンドン砲塔に送られて、やがてぶっ放された。

いまや太平洋の大戦闘は、白熱点に達した。乱闘の上を通りこして、どっちが勝っているか負けているのか、そこを通るのは味方の艦か敵艦か、判別するのに非常に骨が折れた」（海野十三『爆撃下の帝都』昭7）

東京空襲もつけくわえておこう。

「この時多数の大巡洋艦と駆逐艦とに厳重に護衛された、敵の大航空母艦サラトガおよびレキシントンの二隻が、深夜の闇を幸いに、わが警戒の虚に乗じ、わが哨艦の監視を潜り、或は之を駆逐して、大膽にも銚子の沖合〇百海里の海上に忍び寄った。

一は鹿島灘に、一は九十九里浜沖に近づいた敵の母艦から、各七十五機づつ合計百五十機の飛行機が、東京襲撃のために放たれた。その約半数の先発機は戦闘機である。敵の爆撃機は軽重各種の爆弾、焼夷弾、毒瓦斯等を満載し、戦闘機に誘導せられ、東京めざして直進した。此處より東京まで僅かに一時間余りの飛行距離である。（中

略）

敵の幾機かは遂に東京の上空に進んだ。瓦斯弾と焼夷弾とは随所に投ぜられた。瓦斯マスクの用意なき市民はたちまち瓦斯に犯され、群をなして斃れた。敵機来襲の警報ありてより僅かに一時間あまりである。

火災は先ず市の東と南とに起った。やがて北にも、西にも、火の手は三十ヶ所、五十ヶ所に及んだ。避難民雑踏のために消防ポンプも走れない。先ほどから吹き起った南東の風は、火を見てますます猛り狂うている。満天を焦がす猛炎、全都を包む烈火。物の焼ける音、人の叫ぶ声、建物の倒れる響き」（水野廣徳『興亡の此一戦』昭7）

いずれも昭和七年に出た著書から引用してみたが、この頃、この種の読物がいかにおおかったかが理解できよう。このように、当時の「海戦未来の夢」は、かならずしも勝利の夢ばかりではなかった。東京空襲のような悪夢もあり得たのである。

しかし、今日読みかえしてみると、そのおおくは日米主力決戦が主軸となっており、いささか古臭く見えるのもやむを得ないところであろう。とくに航空機の戦闘場面は、第二次大戦の激戦を知る我々の眼に、迫力不足に写るのはたしかである。第一次大戦時代の空中戦の感じが残っているようだ。

航空機のブックデビュー

そのなかにあって、空母や海軍機の活躍を描いた作品が、これまで幾度か触れてきた福永恭助『翼の誓い』（昭9）である。あらためて本篇を採りあげることにしたい。

主人公は空母「蟠龍」乗り組みの鏑木兵曹と従兄弟にあたる重巡「穂高」乗り組みの村松候補生である。雑誌「日の出」に連載した長篇小説で、前段はその青春時代やスパイ事件、飛行練習生訓練期のエピソードなどが綴られているが、それらをカットして海戦に話をしぼることにする。

相手はサルバニア（アメリカの仮名）海軍、その前衛部隊が空母七隻、重巡一〇隻、駆逐艦三二隻の大艦隊を編成して東京近海に来攻する。その搭載機三百機に対抗する日本の空母は三隻、ただし重巡八隻には、池田式着陸簾と称するハイン式着水幕類似の揚収装置があり、これが二機ずつの攻撃機を搭載し、補助兵力となっている。

村松候補生はその搭乗員である。この着陸簾、水上機にかぎらず、艦上機も収容可能らしく、彼が乗り組んでいるのは九四式軽爆撃機と称する艦爆である。空母と重巡搭載機をふくめ、総計一〇五機が日本の艦隊航空兵力で、三倍の敵に立ち向かうことになる。

日本の他の空母は、フィリップ島（フィリピン）攻略に従事していて、首都防衛に使えるのはこれだけである。従って、彼我の戦艦陣が砲撃戦を展開する場面はまったくなく、あるのは空中戦と空母を目標とした攻撃の連続である。

大激戦のすえ、味方は空母二隻、重巡四隻をうしなうが、「コノ日我ガ前衛部隊指揮官ハ其ノ全力ヲ挙ゲテ敵ノ航空母艦ヲ殲滅センコトヲ企図シ、先ズ前衛部隊附属ノ爆撃機ヲ以テ空中襲撃ヲ行ワシムルト同時ニ、第X戦隊ヲ以テ猛烈果敢ノ攻撃ヲ行イタル結果、午後二時ヲ以テ敵航空母艦ノ全部ヲ撃沈モシクハ破壊シテ、ソノ航空母艦トシテノ機能ヲ喪失セシムルコトニ成功スルヲ得タリ」（公報）という勝利を得ることができた。

しかし、パイロットの犠牲は大きく、村松候補生は空母に特攻機さながらの体当たりをして戦死、鏑木兵曹は帰艦直前に母艦攻撃にきた敵機に衝突して海上に落ち、一命は助かるが右腕をうしなう——という状態なのである。

この小説は、昭和初期に空母対空母という後の大戦を思わせる海戦と、その搭乗員

福永恭助著『翼の誓い』の一場面。村松候補生操縦の九四式軽爆撃機の攻撃をうけるサルバニア海軍の空母。樺島勝一の挿絵をもとにプレジデント・フーヴァーの空母改装予想図に代えて描いたもの

平田晋策著『新戦艦高千穂』の一場面。敵潜水艦と戦う日本海軍の攻撃機。村上松次郎の挿絵をもとに描いたもの

の活躍を描いたところに特長がある。戦前、機密あつかいの厳しい空母について、これだけ書いた作品は他になく、海軍士官出身の著者ならではの知識と調査によるものであろう。

敵の空母兵力のなかには、高速客船改造の特設空母も登場し、ロケット爆弾といった新兵器も出てくる。

連載時の挿絵は樺島勝一が担当し、レンジャーに似た特設空母が描かれていたが、今回は、これを昭和十年にアメリカ海軍が計画した客船プレジデント・フーヴァー（二万一九三六総トン）の空母改装予想図に代えていただいた。もし当時、これが実現して海戦になれば——との想定で、攻撃機はとうぜん複葉機である。

もう一枚のイラストについては、当時の海戦場面は「水柱の奔騰する中を縦陣を組み、主砲を掲げて進撃する戦艦部隊」といった構図がおおく、近代戦の感覚に欠けていたり、撃沈した軍艦のすぐ側に沈めた潜水艦の潜望鏡が見えるなど、矛盾したものもあって選択に迷ったが、平田晋策『新戦艦高千穂』（村上松次郎画。昭10）の攻撃機と戦う潜水艦のイラストを選んでみた。

航空機対潜水艦の戦いは、第二次大戦中の姿を予見していたように思われたからである。

電気砲と怪力線
――ドイツ軍のパリ砲に対抗するため考案された電気砲

ナゾの電気砲と怪力線？

これまで、しばしば登場していた過去の未来兵器――電気砲と怪力線の解説から入ることにしたい。

電気砲は火薬によらず、電気を利用して磁場を作り、弾丸を発射する砲兵器で、ソレノイドによる電気砲がよく知られていた。ソレノイドとはコイル状にまいた銅線で、これに電流を通じて磁力を生じさせ、鉄を引きつける性質を利用して弾丸を発射させようというのが、その原理である。

いくつかのソレノイドをならべ、その第一のものに電流を通じると、その中央まで鉄、すなわち弾丸が引きよせられる。次に第一のソレノイドの電流を切断して第二のものに電流を通じると、その中央まで弾丸は移動する。

このようにして、つぎつぎとソレノイドに電流を送る速さをしだいに迅速化すれば、弾丸の進む速度もだんだん速くなり、かなりの加速度をあたえて弾丸を砲身から発射させることが可能になる。問題は各ソレノイドに電流をどのように断続させるかにあり、その装置を開発しなければならない。

弾丸に高い加速度をあたえるには、ソレノイドの数を多くする必要があり、そのために砲身は長くならざるを得ない。当時の解説書に載った電気砲の図は、鉄骨でささえられた長大な砲身と、地中に固定された巨大な砲台で構成されていて、軍艦に搭載できるようなシロモノではなさそうだ。

第一次大戦中、ドイツが国境付近からパリを砲撃した長距離砲——パリ砲といわれた列車砲は、口径二一センチ、砲身長三九メートルもあり、射程は一二五キロにおよんだ由であるが、これに対抗するため、一九一六年にフランスのフォシオン・ビュプレイが創案した電気砲は、直流電動機の原理をもちいたといわれる。

電流により砲身内に磁場をつくり、同時に弾丸にこの磁場と直角方向の電流を通じ、その相互作用で弾丸を前方に発射する。発射に要するエネルギーは、莫大なエネルギーを蓄積できるフライホイールをそなえた回転ダイナモから供給する仕掛けになって

（上）パリ砲
（下）38センチマックスX列車砲

いる。この電気砲は初速毎秒三〇〇〇メートルで、射程は九〇〇キロに達するといわれていた。

このほかに、アメリカでは一九三〇年代末に、誘導電動機の原理を応用した新しい電気砲も考案されたという。砲身の方向に前進回転する磁場をつくって、そのなかに弾丸をおき、それに二次電流を誘導して、その相互作用で弾丸を推進させるものである。弾丸の前進速度は、磁場をつくる交流の周波数によって、いちじるしく大きくできるのだと説明されていた。

いずれの電気砲も、その後に完成したという話は聞かず、第二次大戦でもその種の兵器は登場しなかった。どの原理によるものでも、かなり大型の装置が必要と思われ、やはり地上における長距離砲向きの兵器であって、これを艦載砲とするのは、遠い夢の世界の話であろう。

ただ、電気砲は従来の大砲のように煙や音も光も出さず、工作も楽で、分解して遠方まで運搬可能であり、弾丸の容積や発射速度、射程の変更も電流の変化で容易に調整できるのが特徴だ——と、当時の解説書は述べている。

怪力線は、古くは殺人光線（death ray）と呼ばれたこともあるが、光線にかぎらず、電波、紫外線、放射線など、さまざまな物理的媒質をもちいることや、目的も高熱による兵器の破壊、エンジンの停止、火薬の爆発など、軍事的にも多範囲におよぶため、総括して怪力線と呼称するようになった。

この語は軍部でも使用され、昭和初期には一般化していた。

一九二三年春に、イギリスのグリンデル・マシウスの実験がおこなわれて有名になった。マシウスは、小さな反射鏡をもちいて怪力線を一方向へ向けて発射し、一〇～一二メートル先の火薬を爆発させ、ハツカネズミを殺傷したと伝えられ、その正体は電波とある放射線との複合だといわれたが、真相は不明である。

そのほか、アメリカのスコットやニコラ・テスラ、イタリアのジウリオ・ウイヴィやマルコーニ、ドイツのシーメンス社など、戦前、各国の科学者による多様な怪力線の開発が報道されたが、どれも完成についてはヴェールにつつまれていた。

これらを物理的に分類すると、①光線によるもの、②電波によるもの、③紫外線と電波との併用によるもの、④紫外線と高圧電気によるもの、⑤放射線によるもの、⑥未知の放射線によるものなどにわかれるが、なかでも電波―極超短波によるものが一番有望らしい、と当時の解説書は予測している。

大戦中、日本陸海軍も強力電波の研究に着手し、高出力磁電管の開発につとめたが、成功しなかったという。戦前、怪力線は未来兵器としていちばん実現性が高いといわれていたが、結局、大戦中に完成させた国はどこにもなく、夢の兵器でおわったようである。今日のレーザー・ビーム兵器は、怪力線の系譜を受け継ぐものであろう。

ソ連の「恐龍」型潜水艦

小説では、SFでこの種の兵器をあつかったものが多く、外国では、イギリスのH・G・ウエルズ『宇宙戦争』やソ連のA・トルストイ『技師ガーリン』などがよく知られている。日本でも戦前、少年向け科学冒険小説や、この兵器をめぐるスパイが出てくる防諜小説には、怪力線がしばしば登場していた。

それでは、怪力線の発射装置を描いたイラストにはどんなものがあるか、と探し求めると、これが少ないのである。怪力線を浴びて砲身が飴のように曲った大砲とか、これを浴びた数十機の飛行機が炎上して墜ちていく光景とか、被害場面を描いた挿絵はあるが、怪力線砲となると描きにくいのだろう。

これが殺人光線として、正体が光線であることが明確ならば、探照灯状の兵器から光線が流れて、その先に燃える飛行機を描くことができる。しかし、これが電波となると、眼に見えないのだから、電波の動きをイラスト化するのが困難である。第一に、電波は大砲から出るものだろうか。

今日なら、パラボラ・アンテナのような電子兵器関係の装置がいくらも見受けられるから、それほど苦労はないのかもしれないが、当時の軍艦にはレーダーもなく、ワイヤーをはった棒状のアンテナか、方向探知機用のループ・アンテナくらいしかないので、画家たちも表現に悩んだらしい。

科学雑誌の表紙などで、アメリカン・コミックから抜けだしたような流線形の超モダン兵器を描いたものもあったが、軍艦に搭載するとなると不釣合である。それで、怪力線にやられた飛行機や大砲の惨状を誇張して描いて、怪力線の威力を強調しようとしたのであろう。

その数少ないなかから、怪力線装備艦艇のでてくる作品を二つ取りあげて、イラストを紹介することにしよう。

海野十三『太平洋魔城』は昭和十四年に「少年倶楽部」に連載された科学冒険小説で、太平洋に海魔が出没するという情報の調査におもむいた太刀川青年は、海底にひきこまれて、その正体が太平洋の海底に築かれたソ連の巨大な要塞であることを発見する。

その頂部には、屈伸式で伸縮自在な怪力線砲塔があり、付近を艦船が通ると、海中より姿をあらわしてこれを撃沈する。この海底要塞の格納庫には、四〇〇隻からなる

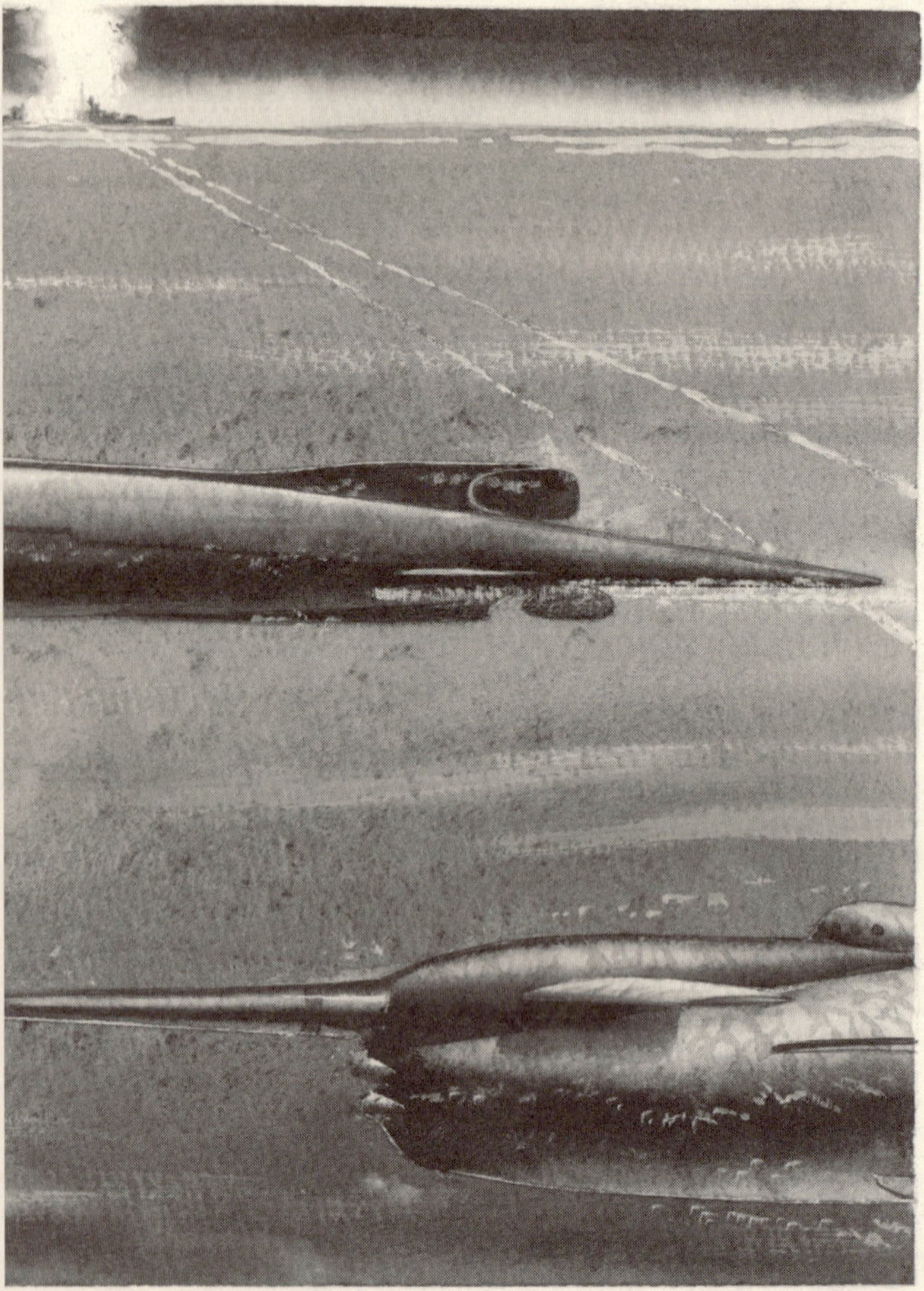

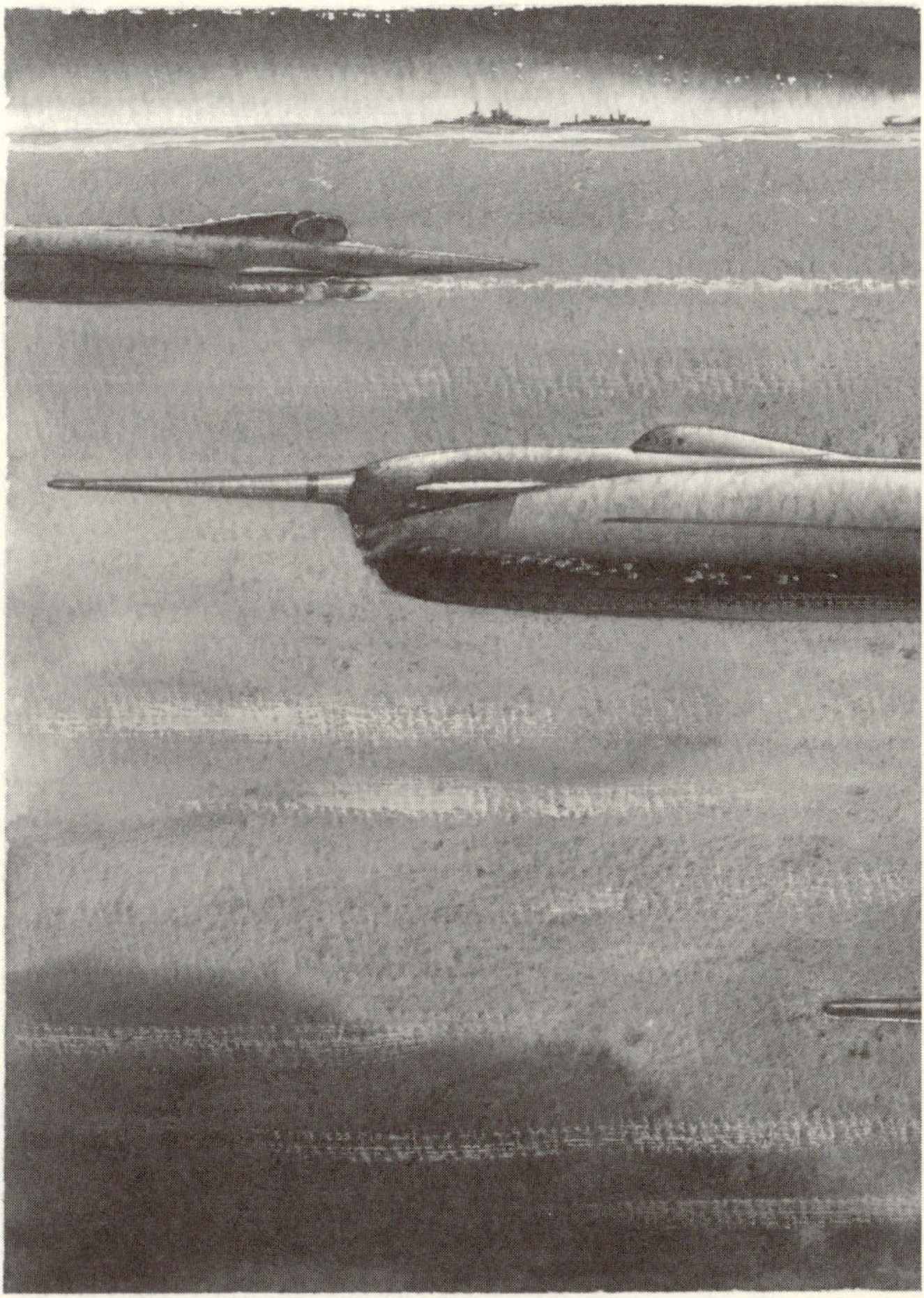

海野十三著『太平洋魔城』に登場する「恐龍」型
潜水艦。樺島勝一の挿絵をもとに描いたもの

怪力線砲装備の潜水艦がおさめられており、対日戦のさい、尖兵として活躍すべく演習準備をかさねている。

この怪力線砲潜水艦は「恐龍」型潜水艦と呼ばれ、樺島勝一描くそのスタイルは、鮫か一角（イルカの一種）を思わせる奇怪なものであった。原文の描写は、

「艫はうんと長く前へつきだしていて、蛇の腹のようである。ふとい胴中は、鼠のようにふくれ、背中と両脇とに、三角形の大きな鰭がついている。しり尾はふとく長い流線型で、そのつけ根のところに、八つばかりの推進器がまわっていたようである」

とあり、先端の突きでた部分に怪力線砲が装備されている。この怪力線砲を駆使して、恐龍型潜水艦隊がアメリカ艦隊を襲う場面があり、怪力線発射時は先端が伸びるらしい。

樺島勝一は原文にもとづいて忠実にデザインした結果、異様なスタイルの潜水艦を考案したのであろうが、それは怪力線そのものの恐るべき威力を象徴しているように思われる。

この小説のなかで、怪力線で艦底を破られた米巡洋艦が、浸水をふせぐため防水扉を降ろすと、それも怪力線を照射され、灼熱して崩れおち、無惨な最期をとげる場面があり、恐怖をもたらす貪欲な海の怪獣を表現したといえよう。

最後に、海底要塞は恐龍型潜水艦による日本艦隊の総攻撃を企図するが、これを知った太刀川青年たちが、脱出前に油槽の石油をひきいれて爆薬をしかけ、潜水艦もろとも海底要塞を爆破処分して、危機を乗りきる結末になっている。

戦前、ソ連海軍の潜水艦は数こそ多いが、性能的には劣ると評されていた。その時代に、ソ連潜水艦の恐怖をこれほど描いた作品も珍しい。

一八〇隻の中継艦隊出撃

怪力線砲装備艦のでてくる今ひとつの小説は、同じく海野十三が昭和十八年十二月から二十年三月にかけて「少國民新聞」に連載した『火山島要塞』（挿絵・飯塚羚児）である。この作品の主人公は、潜水艇「神鯨」乗組員の火田中尉以下の少年特科隊員で、日夜、米軍との激戦がつづく近未来の時代設定であった。

「神鯨」は小型ながら酸素魚雷を思わせる長射程魚雷や、磁気機雷などの最新装備をそなえており、内地を出撃して南下、前進基地の蝙蝠《こうもり》島へ配属される。これにたいする南太平洋の米軍の拠点が、標題の火山島要塞である。ハワイを思わせる火山のある島で、飛行場、軍港から工廠、発電所までそなえた難攻不落の要塞で、その最大の武器が怪力線砲である。

先の『太平洋魔城』の怪力線の正体は不明だが、火山島要塞の怪力線は超高周波で、火山のマグマを利用した火山発電所の一億キロワットという強力な電力により生みだされる。

怪力線は大きな攻撃力をもつが、火山発電所の電力にささえられているので、島の周辺しか威力を示せないのが、米軍側の悩みの種であった。

そこで、参謀の一人が考えだしたのが、超高周波電波を中継する軍艦を建造して、射程を延長することであった。

この怪力線中継艦を洋上に何隻も配置すれば、怪力線をリレー式につないで、遠方の敵でも攻撃可能となる。発電所から怪力線が送られているかぎり、砲弾とはことなり、残量を気にすることなく攻撃をつづけることができる。

この提案は上層部の認めるところとなり、本国にも伝えられて、中継艦の建造が開始された。

一方、「神鯨」は火山島に忍びより、偵察員を上陸させて、軍港監視用のテレビ・カメラの設置に成功、蝙蝠島司令部は敵軍港内の動静を監視しはじめた。やがて、テレビ受像幕に奇妙な櫓をそなえた怪しい艦影が何隻もあらわれるようになり、艤装中の新艦と知ったが、艦種がわからず、司令部では大騒ぎとなる。

しかし、敵がこれを使って新たな攻撃にでることが予想され、軍港に先制攻撃をかける準備をすすめる。日本海軍が用意したのは二十数隻の潜水空母で、火山島に接近して攻撃隊を放ち、軍港を奇襲して艤装中の中継艦の一掃をはかるのだが、一足早く、新造の中継艦二隻を中心として編成された艦隊が火山島を出撃し、蝙蝠島の攻撃に向かっていた。

この中継艦の大きさだが、原文には排水量などの説明はなく、二十数メートルの中継櫓をそなえた大型艦で、高速もだせるところから、軽巡ていどの艦ではなかったかと思われる。

「そのとき二隻の中継艦ココナット号とパパイヤ号とは、蝙蝠島の沖合に姿を見せ、テレビジョンによらないでも、蝙蝠島上のわが見張員は、双眼鏡で中継艦の異様な櫓の頭を見ることができた。

中継艦は、火山島から発射する怪力線を中継するために、例の櫓をできるだけ高くのばしていた。そして櫓の上にすえつけてある中継装置が怪力線をつかむと、それまでは空へ流れ放しになっていた怪力線が、櫓の上でぐっと下向きに曲げられた。と、艦内から櫓の上の中継装置をうごかして、中継した怪力線が蝙蝠島の上に落ちるように照準をつけた。怪力線は手当り次第に、何でも熔かした。

海野十三著『火山島要塞』に登場する怪力線中継艦。飯塚羚児の挿絵をもとに描く

ぼすん。ぼすん。どどどん、どどどん。

怪力線が、蝙蝠島の上に立っている無電の鉄塔をつきさしたと思った瞬間、鉄塔のその部分はとろとろと熔け、あっという間に傾きはじめた。」

怪力線の攻撃をうけて、蝙蝠島は危機にみまわれる。二隻の中継艦は沖合いを行き来しながら攻撃をつづけていたが、その一隻パパイヤが怪力線をキャッチしそこなって怪力線を浴び、爆沈する椿事が発生、米艦隊に動揺が走る。

残る一隻は「神鯨」が雷撃で仕止めたものの、怪力線の威力を双方で味わう結果となった。

中継艦の効果を知った米海軍は大量建造に着手、攻撃力強化と過失爆沈防止のため、多数の中継櫓を艦上に林立させた改良型も新しく建造された。

かくして、中継櫓三〇四〇基を装備した一八〇隻の中継艦で大火山艦隊が編成され、司令長官ミズレー元帥指揮のもとに蝙蝠島総攻撃に出動しようとした時、飛来したのが日本の龍巻特別攻撃隊であった。

それは、特殊装置をもつ飛行機を多数垂直にならべて放電し、電離層の電気をよぶ電路となる特攻隊であった。その電撃をうけて、活動の予兆を見せていた火山は噴火、島内は火の海となり、怪力線砲も大火山艦隊もすべて壊滅してしまう。

連載当時、現実に特攻作戦もおこなわれ、小説のなかにでてくる日本軍艦は潜水艦だけ、天然のエネルギーを利用して勝利をつかむ結末も、物資の欠乏した当時の日本を象徴しているようであった。

飛行船アルバトロス号

——ヴェルヌが予言した飛行船の軍用化は米海軍が実現させた

征服者のアルバトロス号

空を飛ぶ軍艦といえば、現代の日本人は「宇宙戦艦ヤマト」あたりを思い浮かべる人が多いかも知れない。しかし、その発想ははるかに古く、ライト兄弟が飛行機を発明するよりも数十年以前から、文学の世界では実現していたのだ。

今回は、ひさしぶりに海上や海中から離れて、「潜水飛行艇」以来、遠ざかっていた「空中軍艦」の像を求めながら、戦前の空をさまよって見ることにしよう。

小説のなかで最初に空飛ぶ軍艦を描きだしたのは、同様に潜水艦も生みだしたフランスのジュール・ヴェルヌといわれている。彼は一八八六年に『征服者ロビュール』(Robur le Conquérant) のなかで、三七本のマストに同軸反転式の二基のローターと前後に二基の推進プロペラをそなえ、高性能の電池と蓄電池の電力を動力として飛行する空中船――六センチ砲や小銃、ダイナマイトなどを装備しているのだから、空中軍艦と呼ぶことができよう――あほうどり（アルバトロス）号を飛翔させている。

本艦は長さ三〇メートル、幅四メートル、船体は不燃性軽量強靱な特殊圧縮紙製である。乗員は技師ロビュール以下八名、最大時速二〇〇キロ、水、食糧、弾薬なども十分に積載していて、数ヵ月の飛行が可能である。

一七八三年にモンゴルフイエ兄弟が熱気球を発明していらい、人類飛行の夢は気球にたくされており、ヴェルヌ自身も一八六三年に『気球に乗って五週間』や二年後の『月世界旅行』で気球による旅行を描いて見せたが、本作では主人公が〝空気より重い〟飛行機械の優位をとなえて、気球愛好会のメンバーと論争するのである。

このアルバトロスが世界の空を飛んで南極に達したとき、この船に捕虜になっていた気球愛好家たちにより爆破されるが、復讐を誓ったロビュールは第二のアルバトロスを建造して、気球愛好家協会のつくった気球ゴー・アヘッド（前進）号を追撃する。

追われて高空へ逃れた気球は気嚢のガスが膨脹して破裂落下し、その乗員を救助して地上にもどしたロビュールは、勝利宣言をしたのち、ふたたび空中軍艦を駆って大空の征服をつづけるのであった。

ヴェルヌは、一九〇四年に本篇の続編『世界の支配者』（Maitre du Monde）を発表するが、そのなかに出てくるエプヴァント（恐怖）号は、紡錘形をした軽金属製の船体に翼と車輪をそなえており、パーソンズ・タービンを駆動して飛行、潜水、陸上の疾走も可能という万能艦（？）であった。

征服者ロビュールは陸海空を征服して世界の支配者となったかに見えたが、同艦は嵐のなかを飛行中に落雷をうけてメキシコ湾に墜落し、その夢は無惨にも破られてしまうのである。

ヴェルヌはこの小説を発表した翌年の一九〇五年三月二十四日に七七歳で他界しているから、これは最晩年の作品であった。

二つの作品に出てくる空中軍艦を比較したとき、後者がその間の技術的進歩をとりいれて、近代化されているのが理解されよう。ヴェルヌは世界飛行の夢と未来科学への期待を、最後までうしなわずにいたのである。

米海軍が作った空中軍艦

気球や風船のように、飛行を気流や風まかせではなく、これを自由に操縦できる飛行船の初飛行に成功したのはフランスであった。一八八四年（明治十七年）にシャルル・ルナールとアーサー・クレープスという二人の大尉が、長さ五〇メートル余の飛行船フランス号に乗って、シレームードンでこれを果たしている。

同船は蓄電池とモーターを搭載、先端にプロペラ、後部に昇降舵と方向舵をそなえており、七・六キロを二三分間で飛行したという。ヴェルヌはその二年後に『征服者ロビュール』を書きあげたのだから、この壮挙に大きな刺激をうけたに違いない。

わが国で『空中軍艦』（E・D・フォーセット著、山岸藪鶯訳、博文館刊）という本が紹介されたのは、明治二十九年（一八九六）七月であった。これは原題を「Hartmann, the anarchist; or the doom of the great city」といい、無政府主義者が空中軍艦をもちいて、大都市の破壊をくわだてる小説であった。

訳文で飛雲艦と称するその艦は、アナーキストのリーダーが「鳥類、風船、験気術、空中駛行術、其他諸科学の利益を配合した」結果生まれたもので、船内に水素ガスをたくわえ、船尾にスクリューをそなえた軟式飛行船であった。

その構造は、艦の底部側面の下甲板には、一間半（約四・五メートル）おきに出入口と鉄柵がもうけられ、下甲板から上甲板までの高さは三〇尺（約九メートル）もある。上甲板では銀色の柱が軽気傘をささえており、船体の上部と中部は高温の水素ガスが満たされ、下部には広い貯砂室がある。

捜索電燈機をそなえた艦首には斥候塔があり、ここから操作して砂を放出すれば、すぐに上昇可能であった。空中で左右前後に行動するため、三コの拡大気器（スクリュー）が船尾で回転している。飛雲艦が空中軍艦と呼ばれる所以は、機械砲（マシンガン?）、爆裂弾、石脳油という三種の武器にあった。石脳油とは未精製の石油のことで、これに火をつけて地上に投下する一種の油脂焼夷弾である。

アナーキストはこの武器を隠して、ロンドンで画期的な発明が完成したとだけ新聞社に事前連絡しておいて、群衆を広場に集めた。飛来した空中軍艦が空砲を放って降下すると、人びとは拍手喝采してこれを迎えた。

すると、その地上に向けて機械砲が火を吹き、倫敦高塔（ビッグ・ベン）への砲撃を合図に、ロンドンのアナーキスト一万二〇〇〇人が蜂起し、革命党の旗を掲げて市内で放火をはじめた。投下された爆裂弾をうけてビッグ・ベンは倒壊し、石脳油の火瀑を浴びてロンドン市内は火の海となった。

同時に、パリやベルリンでもアナーキストたちは暴動をはじめ、革命の火は世界にひろがった。空中軍艦は革命軍の最大の兵器であったのだ。

その後、技術も進歩し、軽金属の骨組みをもつ大型の硬式飛行船も登場した。第一次大戦では、ドイツ軍のツェッペリン硬式飛行船が活躍し、ロンドンやパリを空襲して、市民を恐怖のどん底におとしいれた。

戦後、ドイツにかわってアメリカ海軍が、大型硬式飛行船隊の建設に着手した。その航続力に着目して、洋上哨戒への起用を考え、一九二三年に最初の国産硬式飛行船シェナンドアを建造し、これにZR1のハル・ナンバーをあたえた。同船は全長二〇七・三メートル、パッカード・エンジン六基をそなえ、時速一〇七キロ、七・七ミリ機銃六梃をそなえ、五〇〇ポンド爆弾八コを搭載できた。

同船が一九二五年九月三日に乱気流に出遭って墜落すると、翌年、アメリカ海軍はさらに巨大な飛行船二隻の建造に着手した。これがアクロンとメーコン（ZRS4、5）で、シェナンドアよりさらに大きく、全長二三九・二メートル、マイバッハ・エンジン八基により時速一三〇キロ、一二・七ミリ機銃一二梃のほか、カーチスF9C戦闘機五機を搭載、空中で発進収容が可能という、空母のような機能もそなえていた。

この飛行船四〇隻で一コ師団の兵力が輸送可能という進攻能力も示したのだから、これは立派な空中軍艦といえた。空軍万能論で著名なミッチェル陸軍少将は「アクロン級飛行船五〇隻をもってすれば、極東のいかなる国をも一挙に撃滅できる」と下院で証言をしたという。

アクロンは一九三一年（昭和六年）に、メーコンは一九三三年に完成し、前者は偵

(上)ツェッペリン飛行船L31
(下)メーコン

察艦隊、後者は戦闘艦隊航空戦隊に編入された。メーコン所属機は九機、レキシントン、サラトガとの三隻編成であるから、空母と同格にあつかわれていたことになる。

アクロン号の東京大空襲

こうした動きにあわせて、日本でもアクロンが東京空襲をおこなう場面を描いた小説が出てきたのも、当然のなりゆきであった。

「アクロン号は、大膽にも三千メートルの高度まで下降した。アクロン号をとりまく偵察機や戦闘機は、行進隊形を解いてそれぞれ襲撃隊形にうつった。偵察機はぐっと後へ引返して、アクロン号の両翼と背後とを守った。戦闘機は更に一千メートルの高度をとり、見る見る速度を早めてアクロン号の前方に進出して行った。（中略）

『いよいよ大東京の位置がはっきり判りました。こっちにムラヤマ貯水池が明るく光っています。』

『うん、地形はちゃんと合っている。爆撃してくれといわぬ許りだ。では、モンストン君、豫《かね》ての作戦どおり、思うが儘に爆撃出来るね。』

『そうです、大佐どの。第一にマルノウチ一帯へ、一トン爆弾を三個、半トン爆弾を十二個叩きつけます。それから、シナガワ附近シンジュク附近とを中爆弾で爆撃し、頃合いを計ってホンジョ、フカガワ附近の工業地帯を爆破し、なお余裕があればウエノ停車場をやっつけて仕舞います。』

『よろしい』リンドボーン大佐はこのとき長身をすっくり伸ばして直立し、厳然と命令を発した。『爆撃用意！』

『爆撃用意！』モンストン少佐は伝声管の中に、割れるような声を吹きこんだ。『マルノウチ爆撃用意！』

アクロン号の中央部に配置せられた爆弾は、電気仕掛けで安全装置がバタバタと外されて行った。爆撃手は照準鏡のクロス・ヘアーに丸の内の中心部が静かに動いてくるのを待った。

『適宜、爆撃始め！』」（海野十三著『爆撃下の帝都』昭7）

山中峯太郎著『亜細亜の曙』（昭6）でも、ロケット推進の最新式○国大型飛行船流星号が登場し、主人公本郷義昭少佐は激戦のすえにこれを奪取し、祖国日本に向かう。流星号の背後に浮かぶのはやはりアクロンの影で、多数の戦闘機や爆撃機をしたがえて空を進撃する姿は、近代航空戦の花形に見えた。

しかし現実はきびしく、アクロンは昭和八年四月四日、大西洋上で荒天に出遭い墜落し、メーコンも昭和十年二月十二日、南カリフォルニア沖で低気圧帯に突入して遭難――と、あいついで姿を消した。

飛行船の推進者であった航空局長モフェット少将がアクロン事故で殉職したこともあって、アメリカ海軍の飛行船熱は急速に冷め、哨戒任務の主役は飛行艇にうつった。以後、軟式飛行船は建造されても、硬式飛行船をアメリカ海軍が保有することはなかった。

実際のアクロンには、小説で描かれたような攻撃力はなく、長い航続力を生かして、偵察や哨戒を主任務としており、搭載機も敵機に襲われたときの自衛用であったようだ。

雑誌「少年倶楽部」では、付録が人気を集めて発行部数を増していたが、昭和八年一月号の付録は、紙製組立模型の「空中軍艦」であった。同誌では、それまでもドイツ大飛行艇ドックス号や軍艦「三笠」の同様な模型が評判になっており、将来、大砲や機銃もそなえ、強力な爆弾も搭載したロケット推進の空中軍艦が飛ぶ時代がくるであろうと想定して、海軍航空本部や航空研究所など多数の人びとの知識やアイデアを集めてデザインをまとめたものであった。

それにあわせて誌上では、浅野一男著の短篇小説『空中軍艦未来戦』が掲載され、飯塚羚児の挿絵から、カラー口絵まで付くサービスをみせていた。

軍港内にあった空中軍艦は、出動命令をうけるとロケット推進により発進、数十門の砲と機銃により敵の大飛行船や戦闘機を撃墜し、敵艦隊を爆撃する。艦内には煙幕発射装置、テレビジョン、無人機無線操縦装置も装備している。要目などは不明だが、巨大な艦橋構造物前後には主砲連装砲塔、前部両舷、舷側には副砲らしき単装砲が見えてものものしい。ロケットの排気口は艦尾から両翼にもある。

参画した航空研究所員によれば、最初「こんな変なもの」とサジを投げたが、編集部の熱意にほだされて相談に乗った由で、少年に将来の夢を見させたかったという。なお、編集長の回顧によれば、販売成績は返品一割二分八厘（発行部数七〇万）という大黒星であった。

「いくら太鼓をたたいたところで、空中軍艦というものはしょせん空想の所産」であり、歴史的な意義をもつ実物の模型にはおよばないことを実感したという。

今ひとつのイラストは、海野十三著『大空魔艦』（昭13）である。空魔艦は北極に基地をもつユダヤ秘密結社の所有する巨大な長距離ならびに高々度飛行可能の重武装超重爆撃機であり、「手の皮」「足の骨」と命名された二機がある。

これで成層圏を飛び、各国の首都を爆撃して世界に大革命をおこす計画で、乗員は防毒マスクで覆面をしている。日本の「若鷹丸」北極探検隊がこれと戦い、二機を捕

浅野一男著『空中軍艦未来戦』に登場する
空中軍艦。飯塚羚児の挿絵をもとに描く

海野十三著『大空魔艦』の重武装超重爆撃機。山川惣治の挿絵をもとに描いたもの

獲するまでの少年向け冒険小説である。

空魔艦について、本文では具体的な説明はなく「まるで要塞に羽根が生えてとんでいるようだ」とあり、ここでは単行本の挿絵を担当した山川惣治のイラストを見ると、北極へ向かう途上、ソ連戦闘機と戦う空魔艦で、機体各部に装備された機関砲や、後部を銃座とした大型発動機四基のうち、二基を機上に支柱で固定したデザインが、空魔艦らしい重量感をあたえている。単なる重爆とならぬよう、空魔艦らしい威容をあらわすのに、山川画伯も苦心した跡がうかがえよう。

生物珍兵器・蝕鉄細菌
――荒唐無稽ともいえる空想海戦に出現した新兵器

日本主力艦隊が全滅した

大正時代に書かれた代表的な日米戦記物に、樋口麗陽著『小説　日米戦争未来記』（大9）、『第二次世界大戦未来記』（大10）がある。この両作品、戦争の発端をアメリカの排日運動、人種差別、中国大陸の利権などの諸問題にからませ、国際連盟も登場させるなど、当時の国際情勢を背景として、それなりに読ませるものがあった。

開戦後、日本の第一、第二艦隊が米軍の新兵器により全滅され、日本国民の士気は落ちて自暴自棄におちいる場面までも用意されており、昭和時代なら検閲にひっかかったかも知れない。この敗勢をいっきょに挽回し、進攻してきた米太平洋艦隊を全滅させる日本の新兵器が潜水艦と空中軍艦、装備した武器が電波利用の空中魚雷発射機と空中魚雷防御機である。

この潜水艦、従来のものと異なり、排水量五〇〇〇トン以上から一万トンもある大型艦で、艦首に敵艦の位置測知機と距離測知機が装備されていて、一〇〇海里以内の敵艦の所在距離を正確に測知できるので、司令塔や潜望鏡も必要なく、水中無線電信機により海中でも通信は自由自在である。

そのうえ、動力は海水利用の電気動力で蓄積も自由、碇泊中でも電力の供給は支障なく、海水から酸素をとる酸素発生機により、何十日間も潜水していても、乗員は窒息することはない。

魚雷の破壊力は従来の数倍、命中したらいかなる大艦も微塵に粉砕可能であり、その水中速力は水上艦艇を凌駕し、遁走する米艦隊を追撃して全滅させる威力がある。さらに省力化も進み、これだけの機能をそなえたスーパー潜水艦なのに、一万トン級でも乗員はわずか五〇名にすぎない。

空中軍艦の動力は宇宙の引力斥力（物体相互の反撥力）を応用したもので、その原理はよくわからないが、燃料は不要であった。ボタンひとつで昇降前進後退はもちろんのこと、直行斜行回転波状行も自由に操縦でき、高速力から空中停止（引力と斥力を中和させる）も可能で、突風旋風が起きても平気の平左とある。

電波利用の空中魚雷は今日のミサイルであろうか。艦底には突破用衝角があり、敵の大軍艦に低空で突撃して粉砕するという衝角武器もそなえている。だから「此の空中軍艦一隻あれば何百隻何千万トンの大海軍も、何万門の重軽火砲を有する何百万の大陸軍も恐るるに足らぬ。（中略）その威力の絶大無比なることは言語に絶し、世界の全人類を驚倒したるに足るのである」と、作者の自信は揺らぐこともない。

空中魚雷防御機は、相手のアメリカ海軍が装備した空中魚雷への対抗兵器で、構造は無線電信機に似ている。敵の空中魚雷を二〇〇マイル以上の距離で確実に測知し、その電波力も測定すると、より強力な電波を発して、これを逆行させるか、方向をそらせることができる一種のミサイル妨害兵器である。空中魚雷の装備数は不明だが、この二種の兵器で攻撃防御のすべてが可能であるという。

空中軍艦といい、前記の潜水艦といい、本書の表題である「空想軍艦物語」にピッタリの内容であるが、これを最初に紹介すると、読者がバカバカしくなって後を読まれなくなる恐れがあるので、これまで残しておいた。いかに空想が自由でも、もうすこしリアリティが欲しいと思う。

これが山中峯太郎のような少年冒険小説ならともかく、れっきとした大人の読み物である。前段のシリアスな展開と比較して、啞然とならざるを得ない。

世にも荒唐無稽な軍艦

小説に登場した荒唐無稽な軍艦関連の兵器をいくつか紹介したい。

海野十三著『軍用鮫』(昭12)は、日華事変下、中国の科学者が中国政府に請われて海戦新兵器を考案することになる。彼は軍艦を沈めるには船底に穴をうがつのが第一と考え、その手段を思案した。

この連絡をうけたとき、彼(楊《ヤン》博士)は広東《カントン》湾で釣りの最中であった。広東湾にはフカヒレの材料となる虎鮫(タイガーシャーク)が遊弋しており、これに気付いたとき、天啓のごとく新兵器のアイデアがひらめいた。

海戦科学研究所大師に就任した楊博士は、大量の鮫を集めた臨海練魚場を作り、鋼鉄船の模型を海中に吊りさげて、鮫にこれをかじらせる訓練を開始した。スタート・ラインにならんだ鮫は、ドラの音を合図にいっせいにスタートして模型の船底に突進し、これをかじってくる。

そのようすを映画フィルムに撮影し、反転現像してどの鮫(ナンバーをつけられている)が猛烈に船底をかじったか、スクリューを砕いたかを判定し、好成績の鮫には大量の餌があたえられる。この訓練により、鮫は腹がすくと訓練に集まり、船底かじりに熱中して歯の硬度を向上させた。

訓練のかいあって、やがて鮫たちはドラの音を聞いただけで、条件反射により、牙をたてて船底めがけて突進し、これに大穴をあけて引き返すまでに成長した。

こうして新兵器「軍用鮫」の準備はととのい、後は実戦を待つばかりとなって、楊博士は七〇〇〇匹の虎鮫をしたがえて広東湾にもどってきた。その次の日の明け方、ドラが鳴り、軍用鮫は大活躍をして、三九分の間に一七〇隻の軍艦の船底をかじって沈めてしまった。

楊博士は得意満面で祝宴の準備を命じたところへ、政府から電報が届いた。祝電と思って開くと、「貴様の撃沈したのはすべてわが海軍の軍艦だ。討伐隊をさし向けるから、そこを動くな」という意外なものであった。鮫に船の国籍はわからなかったのである。

しかし、楊博士はすこしも騒がず、「軍用鮫は役立って軍艦百七十隻を沈めたではないか。その偉大な効果を語らずに、軍艦の国籍を論ずるとは、科学のわからん奴だ」と科学者でない人間とのつきあい難さを嘆いた。

——というユーモア小説で、落語「雑俳」の「舟底をがりがりかじる春のサメ」を地でいく内容であった。

生物珍兵器の作品を、もう一つあげよう。

那珂良二著『非武装艦隊』（昭17）は、太平洋戦争中、アメリカ海軍が内部に強力な火薬をつめた無人重装甲、火器をもたぬ無線操縦の軍艦五〇隻を建造、非武装艦隊として太平洋を横断して日本へ向かわせる。これをコントロールするのは、各無電基地の電波によるラジオビーコンであった。

これにたいし、日本側はクラゲを大量養殖してその航路上に放流し、その進行を阻止する。小舟に乗った日本人が各艦に乗り移って無線装置を破壊、アメリカへ送り返すが、これにあたって米戦艦二隻が撃沈――という、太平洋戦争中とは思われぬほど悠長な話である。現代なら、エチゼンクラゲがさっそく利用されるに違いない。

蝕鉄細菌と無敵鋼鉄艦隊

蘭郁二郎著『太平洋爆撃基地』（昭15）では、敵艦にたいし飛行機から強力な蝕鉄細菌を撒布すると、「世界一を誇った鋼鉄艦隊は、ボール紙細工の如くに成り果ててしまっているのだ。こちらからピストルでも打てば、ブスンと舷側に穴が開くであろう。敵が大砲を撃てば、自分自身の火薬の爆発力によって、ボール紙の如き大砲はバラバラとなるであろう。海底に潜入しようとした潜水艦は、却って水圧のためにボール箱を踏潰したように、ぺチャンコとなってしまうのだ」という状態になって、敵艦は自滅してしまう。

この蝕鉄細菌に出会えば、軍艦でも戦車でも大砲でも、みなボロボロになるのだから、鉄製の兵器はすべて使えなくなるわけだが、そんな短時間で効果があがるものだろうか。その菌はあとに残って、自軍の兵器もやられるのではないか。前もって消毒液を撒布されると、殺菌されて無効とならないかなどの疑問もわく。

しかし、鋼鉄を腐らせる菌を兵器に応用する考案は、当時の科学解説書にも載っていたから、真面目に検討されたこともあったのかも知れない。

最後に、実在の艦船がでてくるユーモア小説を紹介しよう。

海野十三の『沈没男』（昭15）がそれで、乗った船がかならず沈むという縁起の悪い男が主人公である。

海野ニセ武官は昭和十四年十月、スカパ・フローで英戦艦ロイヤル・オークに乗艦する。すばらしい軍艦に乗せてもらったと喜んでいると、U47の雷撃を受けてたちまち沈んでしまう。それで一度はフランスへ渡るのだが、ふたたび英国入りを決意して日本郵船の「照国丸」に乗ってロンドンに向かおうとすると、十一月二十一日、ハーウィッチ港で同船は触雷して沈み、沈没男は本領を発揮する。

最後はドイツに渡り、装甲艦アドミラル・グラーフ・シュペーに乗艦するが、同艦は英艦隊に追撃されてウルグアイのモンテヴィデオへ逃げこむことになる。海野ニセ武官はラングスドルフ艦長に、いさぎよく港外にでて英艦隊と戦うよう勧めたが、沈没男の正体を知ったラングスドルフ艦長は、「海野さんに乗られた上からは、どうせ遅かれ早かれ沈没の運命にあるのだから、むしろ早いとこ、自爆と決めました」と宣言し、シュペーは十二月十七日、ラプラタ沖で自沈してしまうのである。

実際に当時沈んだ艦船を題材としたところが話のミソというナンセンス・ストーリーであった。海野はおなじ時期に、シュペーの奮戦ぶりを想像して書いた『死闘』という作品も発表している。

以上の作品は、いずれも紹介できるようなイラストもないので、当時の少年物の挿絵から、実際にはありえない軍艦の光景を二つ選んでみたい。

空中に消え失せた大戦艦

一つは海野十三著『地球要塞』(昭15)に出てくる宙吊りされた汎米連邦軍の戦艦オレンジである。地球に潜入した四次元生物の金星人X大使は、戦争により国力が消耗した段階で地球を征服しようと考え、欧弗同盟軍と和睦しようとした汎米艦隊の司令長官を脅迫し、欧弗同盟軍にたいし砲門を開かせる。その手段として、麾下の戦艦一隻を空中に吊り上げて消滅させてしまう。

当時、四次元生物の怪力として説明されたようだが、今のSFならワープ移動により、軍艦を金星に送りこんだものといえよう。当時、この場面は伊藤幾久造の手で描かれたが、後部で爆発が起きたようになっているのは、そのようなかたちを取らないと、空中での軍艦消滅が説明しにくかったものと思われる。

今一つのイラストは、平田晋策の『昭和遊撃隊』（昭９）で、巡洋艦「最上」に襲いかかるA国の荒鷲爆撃機を村上松次郎が描いている。爆撃する飛行機のさらに上空より俯観した構図はなかなか面白いが、このような重爆撃機が急降下爆撃をすることはありえず、当然水平爆撃でなければならない。

「最上」の前部砲塔付近から爆撃機にたいし、一条の光線が流れているが、これは青木式第十三号光線という怪力線である。これをうけて爆撃機の第二発動機は動かなくなり、ほうほうの態で逃げだすことになる。もし急降下爆撃中に片発動機となったら、機体をおこせず、海上に突っこんだかも知れないが、当時の少年たちはそんなことも思わず、これを迫力ある戦闘場面と理解していたのである。

海野十三著『地球要塞』で金星人が戦艦を消滅させた場面。伊藤幾久造の挿絵をもとに描く

平田晋策著『昭和遊撃隊』で「最上」に襲いかかる
A国の爆撃機。村上松次郎の挿絵をもとに描く

（上）航空戦艦「伊勢」。（下）特四式内火艇

本稿を終えるにあたり、今まで紹介した戦前のスーパー軍艦を大別してみると、三つに分類できそうだ。

第一はまったくの空想の産物で、空中軍艦やヴェルヌ、押川春浪時代の潜水艦がこれに相当しよう。第二はその艦種の強力なもので、超空母「浮かぶ飛行島」や新戦艦「高千穂」、海底戦艦などがこれにふくまれる。

第三は潜水飛行艇や潜水空母のように、二つの艦種の性格をかねそなえたハイブリッド軍艦である。戦時中に生まれた航空戦艦「伊勢」型や特四式内火艇なども、このハイブリッド軍艦に該当する。なお、『昭和遊撃隊』の空母兼用の戦車母艦は、日本陸軍の「あきつ丸」や強襲揚陸艦の先駆をなすものであった。

怪力線中継艦は、怪力線ではないが、一九六〇年代に通信用中継艦としてアメリカ海軍で実現している。

昭和初期、軍艦の挿絵で知られていたのは、樺島勝一、村上松次郎、飯塚羚児などのかぎられた画家で、その活躍舞台はほとんど少年雑誌であった。

当時、日本軍艦の写真はきびしい検閲下にあり、画家たちも数すくない情報をもとに新しい軍艦を描くには苦労が多かったものと思われる。

少年たちも作家の空想力と挿絵画家の迫力あるイラストに支えられて未来への夢をふくらませた時代であった。

最後に、未来戦記は今後も生まれるものだろうか。戦後の一時期、米ソ両陣営の対立した時代に、そのような書物が出まわったこともあったが、現在では見当たらない。

最近の北朝鮮をめぐる騒動を見ても、飛来する中長距離弾道ミサイルにせよ、これを迎撃するミサイルにせよ、射撃操作するのは兵士であっても、直接の戦闘はすべて軌道を修正飛翔するミサイルに委ねられている。

双方の主力艦が砲撃戦を展開し、戦闘機や爆撃機が空中戦を演じ、駆逐艦や潜水艦が奇襲をかける時代ではなくなった。空母から無人機が飛び立ち、偵察もドローンに委ねられる現代である。いわば「人なき戦場」であり、双方の戦士は相まみえず、破壊と殺戮だけが増大する。これでは小説は成り立たず、未来戦記は生まれそうもない。むしろ現代の恐怖は、大戦争よりも集団テロであろう。筆者の少年時代に読んだテロをあつかった作品は、野村胡堂の『都市覆滅団』(昭17)だけであったと記憶する。まさに隔世の感が深く、時代の変遷に驚嘆せざるを得ない。

現代の未来戦ストーリーは宇宙を戦場としたSFの世界に移っている。天空から地球を襲う宇宙人や怪獣との戦いは他国への差しさわりもなく、すべて作者の空想に委ねられ、奔放自在に展開される。これは、文筆の描写よりCG技術の発達した映像世界に適しており、『宇宙戦争』『スターウォーズ』など、数々の名作映画が誕生した。

そのなかで、『宇宙戦艦ヤマト』は、かつての日本海軍の象徴を形と名称で現代に蘇らせ、われわれのノスタルジアをほのかに刺激するように思われる。

あとがき

「負けまじき相撲を寝ものがたりかな」という蕪村の句がある。この「負けまじき」は、一般には未来を意味して「明日の相撲に負けてはならぬ。その負けてはならぬ相撲を寝ものがたりに話している」と解釈（虚子、碧梧桐など）されているようだ。

この相撲を戦争に置き換えた寝物語が、本書で紹介した未来戦記の数々であろう。

これに対し、作家の芥川龍之介は「今日は負けてはならぬ相撲を負けた。それを寝物語にしている」と解釈して異論を唱えている。この芥川的解釈を戦争にあてはめたものが、戦後、一時期流行した「架空戦記」ではないだろうか。ミッドウェー海戦をはじめ、日本海軍が惨敗した諸所の戦闘を、日本側の勝利に書き改めた作品であり、悪夢を夢違えさせた寝物語といえよう。

筆者は数多く読んではいないので、愛読者とは異なるかも知れないが、これで読者は一種の安堵、満足感を得るものと考えていた。

しかし、架空戦記の作者の一人が語ったところによると、執筆目的は戦没者の鎮魂にあったという。負け戦を勝利に書き改めるのは、慰霊になるのだろうか。

なお、日米未来戦記について、もっと詳細に知りたい方には、作品については小山内宏氏『予言太平洋戦争』(昭和四十九年、新人物往来社)、背景の時代については黒羽茂氏『太平洋をめぐる日米抗争史』(昭和四十三年、南窓社)を参考図書としてお薦めしたい。

イラストについては、今回も小貫健太郎氏にお力添えを頂いた。実艦さながらの構造美あふれる艦影の数々をご堪能頂きたい。

雑誌「丸」平成十八年七月号〜平成二十年七月号隔月連載に加筆訂正
原題「『仰天軍艦』夢ものがたり」

NF文庫

空想軍艦物語

二〇一七年十一月十五日 印刷
二〇一七年十一月十九日 発行
著 者 瀬名堯彦
発行者 高城直一
発行所 株式会社潮書房光人社
〒102-0073 東京都千代田区九段北一-九-十一
振替／〇〇一七〇-六-五四六九三
電話／〇三-三二六五-一八六四代
印刷所 慶昌堂印刷株式会社
製本所 東京美術紙工
定価はカバーに表示してあります
乱丁・落丁のものはお取りかえ致します。本文は中性紙を使用
ISBN978-4-7698-3036-8 C0195
http://www.kojinsha.co.jp

NF文庫

刊行のことば

第二次世界大戦の戦火が熄《や》んで五〇年——その間、小社は夥しい数の戦争の記録を渉猟し、発掘し、常に公正なる立場を貫いて書誌とし、大方の絶讃を博して今日に及ぶが、その源は、散華された世代への熱き思い入れであり、同時に、その記録を誌して平和の礎とし、後世に伝えんとするにある。

小社の出版物は、戦記、伝記、文学、エッセイ、写真集、その他、すでに一、〇〇〇点を越え、加えて戦後五〇年になんなんとするを契機として、「光人社NF（ノンフィクション）文庫」を創刊して、読者諸賢の熱烈要望におこたえする次第である。人生のバイブルとして、心弱きときの活性の糧《かて》として、散華の世代からの感動の肉声に、あなたもぜひ、耳を傾けて下さい。

＊潮書房光人社が贈る勇気と感動を伝える人生のバイブル＊

ＮＦ文庫

蒼天の悲曲 学徒出陣
須崎勝彌
日本敗戦の日から七日後、鹿島灘に突入した九七艦攻とその仲間たちの死生を描く人間ドラマ――著者の体験に基づいた感動作。

私記「くちなしの花」 ある女性の戦中・戦後史
赤沢八重子
『くちなしの花』姉妹篇――戦没学生の心のささえとなった最愛の人が、みずからの真情を赤裸々に吐露するノンフィクション。

不戦海相 米内光政 昭和最高の海軍大将
生出 寿
海軍を運営して国を誤らず、海軍を犠牲にして国家と国民を破滅から救う。抜群の功績を残した不世出の海軍大臣の足跡を辿る。

「敵空母見ユ！」 空母瑞鶴戦史［南方攻略篇］
森 史朗
史上初の日米空母対決！　航空撃滅戦の全容を日米双方の視点から立体的にとらえた迫真のノンフィクション。大海空戦の実相。

特攻基地の少年兵 海軍通信兵15歳の戦争
千坂精一
母と弟を守らんと海軍に志願した少年――小さな身体で苛烈な訓練と制裁に耐え、あこがれの航空隊で知った軍隊と戦争の真実。

写真 太平洋戦争 全10巻 〈全巻完結〉
「丸」編集部編
日米の戦闘を綴る激動の写真昭和史――雑誌「丸」が四十数年にわたって収集した極秘フィルムで構築した太平洋戦争の全記録。

＊潮書房光人社が贈る勇気と感動を伝える人生のバイブル＊

ＮＦ文庫

大空のサムライ 正・続
坂井三郎
出撃すること二百余回——みごと己れ自身に勝ち抜いた日本のエース・坂井が描き上げた零戦と空戦に青春を賭けた強者の記録。

紫電改の六機 若き撃墜王と列機の生涯
碇　義朗
本土防空の尖兵となって散った若者たちを描いたベストセラー。新鋭機を駆って戦い抜いた三四三空の六人の空の男たちの物語。

連合艦隊の栄光 太平洋海戦史
伊藤正徳
第一級ジャーナリストが晩年八年間の歳月を費やし、残り火の全てを燃焼させて執筆した白眉の〝伊藤戦史〟の掉尾を飾る感動作。

ガダルカナル戦記 全三巻
亀井　宏
太平洋戦争の縮図——ガダルカナル。硬直化した日本軍の風土とその中で死んでいった名もなき兵士たちの声を綴る力作四千枚。

『雪風ハ沈マズ』 強運駆逐艦 栄光の生涯
豊田　穣
直木賞作家が描く迫真の海戦記！ 艦長と乗員が織りなす絶対の信頼と苦難に耐え抜いて勝ち続けた不沈艦の奇蹟の戦いを綴る。

沖縄 日米最後の戦闘
米国陸軍省編
外間正四郎訳
悲劇の戦場、90日間の戦いのすべて——米国陸軍省が内外の資料を網羅して築きあげた沖縄戦史の決定版。図版・写真多数収載。